全国都道府県調査隊＝編

JN177583

茨城vs.群馬
北関東死闘編

講談社+α新書

はじめに

「最下位という結果について、県民の皆さまからは『悲しい』という嘆きの声や、『県は何をやっているんだ』というお叱りのお言葉をいただいております。県広報としては、まことに申し訳ない気持ちでいっぱいです」

そう言って肩を落とすのは、茨城県広報監、すなわち県広報のトップである取出新吾氏だ。

取出氏の言う「最下位」とは、調査会社「ブランド総合研究所」が2009年より実施している「都道府県魅力度ランキング」のこと（市町村別調査は2006年より実施）。同研究所は全国の20〜60代の男女約3万人を対象に、各都道府県の「認知度」や「愛着度」「魅力度」といった項目別のアンケートを実施しているのだが、このうちの「魅力度」において、茨城県は過去8回のうち、じつに7回も最下位を記録しているのである。

「茨城には美味しい食べ物もありますし、観光名所だって他県に見劣りしません。県としても様々な機会にアピールはしているんですが、なかなか順位が上がらなくて……」（取出氏）

一方で、そんな「万年ビリ」の茨城を脅かす県がある。茨城と同じ北関東に属し、栃木県を挟んで西に位置する群馬県だ。同県も魅力度ランキングで毎年のように最下位争いを演じており、2012年調査では見事、茨城を破って「不人気ナンバーワン」の座に輝いた。

元毎日新聞記者で、『群馬の逆襲』(彩流社)の著書もある群馬在住ジャーナリストの木部克彦氏は、ため息まじりにこう言う。

「私は大学進学で上京し、新聞記者となってからは大阪や四国、九州などに赴任しましたが、関東以外ではどこに行っても、『群馬県出身です』と自己紹介すると、相手が戸惑ったような表情になるんです。『ああ、東北地方ですか?』などと言われるのはまだマシで、『グンマ? 日本にそんな県があるんか』と真顔で尋ねられたこともあります。寂しい限りですが、魅力のあるなし以前に、群馬県という存在そのものが知られていないのです」

首都圏からほど近く、それなりに観光資源や名産品があるにもかかわらず、なぜこの両県は魅力度が低いのだろうか。両県出身の著名人による対談や、各種データを検証しつつ、どちらがより魅力がある(ない)のか比較してみようというのが、本書の狙いである。

茨城vs.群馬。北関東を舞台とした「人気なき」戦いの行方やいかに——。

目次◉茨城vs.群馬——北関東死闘編

第5章　激論その3　岩崎夏海 vs.見城美枝子

第6章　偉人自慢――総理がいっぱいいたら偉いのか

おわりに――東京よ、俺たちをなめるな！

構成／平井康章

第1章

激論その1

磯山さやか（いばらき大使）vs.ガッテン森枝（ぐんま観光特使）

「負けているのは海だけ。総理は4人も出ている」（森枝）

「出た！　群馬の人って、すぐそれを自慢する」（磯山）

ガッテン森枝（がってん・もりえだ）

1978年、群馬県高崎市出身。漫才コンビ「エレファントジョン」のボケ担当。2008年、漫才新人大賞優秀賞、'10年、同大賞を受賞。「THE MANZAI 2014」では決勝に進出した。群馬テレビの情報番組「ぐんま一番」に出演中。

磯山さやか（いそやま・さやか）

1983年、茨城県鉾田市出身。タレント・モデル。2000年にデビューし、雑誌のグラビアなどで活躍。バラエティ番組への出演も多い。テレビ朝日「磯山さやかの旬刊！いばらき」に出演中。'06年に「いばらき大使」、'08年には初代「鉾田大使」にも任命されている。

雪の群馬、海の茨城

磯山　私は茨城県の鉾田市出身ですが、群馬と聞いても、あまりイメージが湧かないんですよね。どちらの県も魅力がないそうですけど(笑)、群馬がライバルという感覚はないですね。

森枝　茨城と群馬って、わりと離れてますからね。高崎市出身の僕からすると、群馬のライバルと言えば、やっぱり栃木かな。茨城のことはあまり知らないです。

磯山　ただ、群馬は雪がたくさん降るでしょう。そこはうらやましいです。

森枝　えっ？　雪なんて、茨城にも降るでしょう。

磯山　茨城はほとんど降らないんですよ。特に私の出身地は海沿いなので、雪が降ったら学校が休みになるくらい珍しいんです。だから私は子どものころから雪に憧れがあって、以前、雪のグラビアを撮ってほしいとお願いしたことがあるんです。

森枝　水着のグラビアですか。

磯山　ええ。〝雪見温泉〟みたいな企画を群馬の水上温泉でやりました。雪の中の撮影は寒いから、やりたがらない子が多いんですけど、私は雪を見るとテンションが上がっちゃう。

寒いのも忘れて水着のまま雪の中に埋もれてみたりして、あれは楽しかったな。

森枝　水上温泉に行っていただいたんですか。ありがとうございます（笑）。僕ら群馬県民が茨城で行くところと言えば、やっぱり海ですね。ずいぶん行きました。

磯山　群馬からだと、新潟の海のほうが近いんじゃないですか。

森枝　もちろん、新潟にも行きます。でも、新潟は親に連れて行ってもらう場所なんです。女の子と一緒に行くときは、茨城の大洗海岸に行く。そっちのほうがカッコいいんです。

磯山　その感覚はよくわからないけど（笑）、大洗の海のほうがいいというのはうれしいですね。同じ北関東の中でも、海があるのは茨城だけです。新鮮な海産物も豊富ですから、食事の美味しさも茨城のほうが上でしょう。

森枝　うーん、そこはかなわない。でも、群馬が茨城に負けてるところって、海だけじゃないですかね。何といっても、群馬には「世界遺産」がありますから。

磯山　２０１４年に登録された「富岡製糸場」ですね。あれは正直、うらやましい。

森枝　同じ北関東だと、栃木県の「日光の社寺」も世界遺産ですね。それなのに、茨城には世界遺産がないんでしたっけ？　水戸の「偕楽園」なんて、かなり有名みたいですけど。

磯山　……あれは日本遺産です。

歴史遺産対決

群馬代表「富岡製糸場」

茨城代表「水戸偕楽園」

世界遺産に登録された「富岡製糸場」の2014年の年間入場者数は約134万人。「偕楽園」は1974年の約292万人がピークだが、2015年度も約100万人が訪れた。入場者数はほぼ互角だ

森枝　群馬は政治家もすごいですよ。総理大臣が4人も出ています。

磯山　出た（笑）。群馬の人って、すぐ「総理大臣がいっぱいいる」って自慢をしますよね。たしか4人とも高崎市出身でしたっけ？

森枝　小渕恵三さんは中之条町出身ですが、福田赳夫さん・康夫さん親子と中曽根康弘さんは高崎出身ですね。僕らは子どものころから町中で「中曽根」とか「福田」というポスターを見て育ちましたから、群馬には有名な政治家が多いという意識が強い。

磯山　私でも名前を知ってる人たちばかりですね。そこはすごいと思います。

新幹線vs.空港

森枝　あと、茨城に勝っていることと言えば、新幹線が走っているということですね。

磯山　また出た（笑）。それも群馬の人が絶対に自慢する話ですよね。でも、実は茨城県内にも新幹線は走ってるんですよ。

森枝　ちょっと通過するだけでしょ。こっちはきちんと停車するんです。

磯山　べつに新幹線が停《と》まらなくても、全然、困らないですよ。茨城は東京から近いから、在来線の特急を使えばすぐに帰れます。料金だって新幹線より安いし。

森枝　いやいや、快適ですよ新幹線は。あまり乗ったことがないからわからないんでしょう。そもそも東北新幹線を開通させるときに、国やJRは「群馬には駅が必要だけど、茨城は要らないな」と判断したわけです。つまり群馬のほうが茨城より重要だということです。

磯山　違いますよ。茨城の人は心が広いから、きっと譲ってあげたんです。

森枝　譲ったんだ（笑）。

磯山　それに新幹線はないけど、茨城には空港があります。群馬にはないでしょう。

森枝　確かに空港があるのはすごい。でも、わざわざ飛行機に乗って茨城に来る人なんて、いないんじゃないですか。

磯山　そんなことないです！　国内線は札幌便、神戸便、福岡便、那覇便が就航していますし、国際線だと上海便があります（'17年1月現在）。飛行機の利用者は、空港から東京までの高速バス料金が500円と安くなるので、茨城空港を経由して東京に向かう中国からのお客さんもたくさんいますよ。ちなみに東京までの高速バス料金は、飛行機を使わない人でも1200円と安くて、空港の駐車場は無料なんです。

森枝　へえ。茨城空港ができた当初は、本当に必要なのかって議論になっていましたけど、意外に便利なんですね。

磯山　あと、ターミナルから搭乗口まで近いから、空港に着いて5分で飛行機に乗れます(笑)。

森枝　それは楽ですね。羽田空港とか成田空港だとターミナルがすごく広くて、飛行機に乗るまで時間がかかりますから。

磯山　新幹線では海外に行けないでしょう。茨城は海の港もありますし、空港もある。世界に開かれてるんですよ。

森枝　ま、そこは負けておきましょうか(笑)。

ところで、少し前に聞いてびっくりしたんですが、茨城ってローカルテレビ局がないんですってね。

磯山　そうなんです。地元テレビ局がないのは全国で茨城だけです。NHKの放送局はありますし、「いばキラTV」というインターネット放送局はあるんですけど。

他の県出身のタレントさんだと、地元のテレビに出る機会がありますが、茨城出身者はそれができない。仕事の幅が減ってしまうんです。

森枝　僕は地元の「群馬テレビ」で、県の魅力をお伝えする「ぐんま一番」という番組をやらせていただいてます。東京で芸人をやりながら、いつか群馬テレビに出られたらいいなと思っていましたから、お話をいただいたときはすごくうれしかったですね。

磯山　いいなあ〜。群馬テレビって、どんな局なんですか。

森枝　マニアックなアニメとか、すごく古い時代劇をやってますね。自社制作のバラエティはあまりないですけど、「レッツゴーカースポット」という、中古車情報の番組が人気です。あと「カラオケチャンネル」という長寿番組も人気です。一般の視聴者の方がカラオケを歌って対決するだけの番組ですけど（笑）。出演希望者が多くて、何ヵ月も待つみたいです。

磯山　面白そう。私も出てみたいな。

茨城は地元局がないので、昔から全国放送の枠を買って、県の広報番組を流しているんです。昔はフジテレビで「おはよう茨城」という番組があって、30年以上も続いていたんです。その番組が終わった後の'11年4月から、テレビ朝日で「磯山さやかの旬刊！いばらき」という「情報番組」を担当しています。県内の観光スポットや名物を紹介する番組なので、見ていただければ茨城の良さがわかると思いますよ。

独特の「訛り」

磯山　「人」の印象で言うと、群馬県民はどちらかと言うと地味というか、真面目な人が多いような気がしますね。あと、群馬は訛《なま》ってる人が少ないですよね。井森美幸さん（下仁田町出身）とか中山秀征さん（藤岡市出身）とか、群馬出身のタレントさんは訛っている人がほとんどいない。

森枝　確かに、茨城のほうが訛りは強いかもしれないですね。僕ら群馬県民には、栃木と茨城は同じような訛りに聞こえる。僕の芸人仲間の「U字工事」は栃木弁のネタでおなじみですけど、茨城も同じような訛りですよね。

磯山　似てますね。ただ、場所によって違うんです。土浦市とかつくば市とか、茨城でも南部になると、ほとんど訛りがない。渡辺直美ちゃん（石岡市出身）とか「フルーツポンチ」の村上健志さん（牛久市出身）は全然、訛ってないでしょう。

森枝　磯山さんも、べつに訛ってないじゃないですか。

磯山　ときどき出ます。私の地元はわりと訛りが強い地域で、おじいちゃんやおばあちゃんの世代になると、何をしゃべってるのかわからないこともあるくらいです。私は子どものころから、自分では普通に標準語を話しているつもりだったんですが、事務所のオーディションを受けたときに訛りが出て、そのインパクトが強かったから合格できたみたいです。

森枝　訛っていたから芸能人になれたと（笑）。茨城の訛りって、どんな特徴があるんですか。

磯山　基本的に語尾が上がるんだけど、下がることもあって、全体に抑揚が少ないので早口になります。今でも、原稿を読む仕事のときは訛りが出ちゃいますね。たとえば天気予報で「雨が降ります」というとき、「あめ」じゃなくて「あめ」というふうに、茨城弁だと後ろにアクセントを置いてしまうんです。原稿に傍点をふったりして、気をつけるようにしてるんですけど、ラジオの仕事で訛っちゃうことはよくありますね。言葉遣いは標準語と同じなのに、イントネーションだけが違うから、余計に直りにくいのかもしれません。群馬には変わった訛りってないんですか。

森枝　茨城ほどではないですが、微妙にありますね。たとえば群馬ではいちごのことを「いちご」という具合に、「い」にアクセントを置くんです。僕の子どもは東京生まれですから、「お父さん、間違ってるよ」なんて言われちゃうんですが（笑）。

　あと、意外に知られてないんですが、地元の人は草津を「くさづ」って言うんです。

磯山　えー。くさつじゃないんですか。

森枝　文字で書けばそうなります。でも、訛りなのか「くさづ」って発音する。群馬には「ザスパクサツ群馬」というJ2所属のサッカークラブがありますけど、地元民は「ザスパクサヅ」と呼んでます。

磯山 もうひとつ茨城弁の特徴として、語尾に「〜だっぺ」とか「だべよ」をつけることが多いですね。「〜でしょう」みたいな意味ですけど、ちょっと田舎者っぽいかな（笑）。

森枝 聞いたことあります。群馬だと「〜なんさ」という言い方をよくしますね。「〜なんだよ」くらいの意味です。

ヤンキーの茨城、チーマーの群馬

森枝 群馬県民から見た茨城県民の印象と言うと、やっぱりヤンキーが多いというイメージですかね。

磯山 よく言われます。私も「茨城出身です」って言うと、絶対に「じゃあ元ヤンなの？」とか「地元の彼氏はヤンキーだったの？」って聞かれる（笑）。少し前に、インターネットの「ヤンキーが多そうな県」というアンケートを見ていたら、やっぱり茨城が1位でした。

森枝 僕は高校のころ、バレーボール部だったんですけど、茨城の学校と試合するときは緊張しましたね。ちょっと茶髪にしてるだけでも、茨城の人だと「わ、ヤンキーが来た」ってビビっちゃう（笑）。

磯山　言われるほど多くないと思うんですけどね。確かに、成人式や卒業式となると、リーゼントにしたり、〝短ラン〟を着てみたりと、頑張っちゃう人はいましたけど。
森枝　怖そうだな〜。
磯山　でも、みんな本当は優しいんですよ。茨城のヤンキーは、2車線の道路だと両方の車線を埋めて集団で走るんですけど、対向車が来たら、ちゃんと片方、空けてくれる。
森枝　いやいや、そもそも2車線とも使っちゃダメじゃないですか（笑）。
磯山　優しさです（笑）。群馬にヤンキーはいないんですか。
森枝　それなりにいますよ。お祭りなんかに行くと、〝特攻服〟みたいなのを着た人がたくさんいます。20年くらい前の群馬には〝チーマー〟も多くて、ヤンキーと激しく対立してました。高崎の駅前で地元のチーマーが暴走族を襲っているのを見たことがあります。
磯山　群馬もじゅうぶん怖いじゃないですか。
森枝　でも、茨城よりヤンキーは少ないですよ。茨城って、女の人もすごいじゃないですか。僕の知り合いに「赤プル」という茨城出身の女性芸人がいますが、彼女もヤンキーですし。
磯山　ヤンキーというか、〝レディース〟ですね。茨城の女の子って、ギャルを目指しているのに、いつのまにかレディースになっちゃう傾向がありますね。

森枝　茨城のギャルって、どんな服装なんですか。

磯山　典型的なのは、ユニクロのスウェットの上下に、足元はキティちゃんの健康サンダル。東京のギャルを意識してるんですけど、どこか田舎者っぽい。

森枝　茨城の人って、東京に追いつこうと頑張ってるところがありますよね。群馬県民はどこか「東京にはかなわない」って諦めてるんですが。

磯山　これは本当かどうか定かではないんですが、茨城は「ルーズソックス」発祥の地と言われていて、自分たちは流行を発信したというプライドがあるんです。だから東京に対して憧れるというより、向かっていこうという気持ちが強いのかもしれません。

こんにゃくvs.納豆

磯山　茨城って魅力がないとか、ヤンキーばっかりだとか、他の県の人からひどいことばかり言われますけど（笑）、実際に住んでみると、快適なんですよ。なにしろ、家の敷地面積は全国で1位ですから。

とりわけ私の出身地の鉾田市は全国一のメロン産地なので、裕福な農家が多い。地元では

〝メロン御殿〟と呼ばれていますが、大きな家がたくさんあります。学校のお友達も、アパートとかマンションに住んでる子は少なかったですね。

森枝　群馬も家は広いほうですね。都心だと庭付きの家なんてめったにありませんが、群馬の家は広い庭があって、車が何台か駐《と》まっている。群馬は車がないと移動できないので、〝一家に一台〟じゃなくて〝ひとり一台〟が普通です。群馬の家って、子どもが成長すると庭を削って駐車スペースを増やすんです。子どもが車を持つようになるから。

磯山　茨城も車は必需品で、自動車の保有率は全国トップクラスです。あと、茨城は車の改造にすごくお金をかける。

森枝　どんな改造をするんですか。

磯山　マフラーを伸ばして〝槍〟みたいにしたり、車高を落として〝シャコタン〟にしたり。

森枝　磯山さんも車を改造しているんですか。

磯山　私はいじってません。でも、茨城はシャコタンの車が本当に多いですよ。軽自動車でも車高が低いから。

森枝　軽なのにシャコタン（笑）。やっぱり茨城はヤンキーばっかりじゃないですか。

磯山　県内を走っていると、上り坂が始まるあたりに、擦った跡をよく見かけますね。
森枝　車高が低いから、坂道だとお腹を擦っちゃうんですね（笑）。
磯山　暮らしやすさで言うと、茨城は食材も豊富です。野菜は何でも揃っていて、農産物の出荷額は毎年、全国でトップ3に入ります。
森枝　それは知らなかった。
磯山　私の地元だと、やっぱりメロンが美味しい。東京に出てきたころ、スーパーで〝カットメロン〟が売られていたのでびっくりしました。メロンというのはふたつに切って、スプーンで掬《すく》って食べるものだと思ってましたから。
　あと、これもあまり知られてないんですが、茨城は鶏卵の生産量が日本一なんです。そのせいか、いろんなプリンが開発されています。小美玉市では「おみたまプリン」というブランド品を作っていて、桐の箱に2個入りで1万円という超高級品もあります。
森枝　どんな味なんだろう。食べてみたいですね。群馬の食材と言うと、やっぱり下仁田ネギとかこんにゃくですね。最近だと、県は「すき焼き」を推しています。群馬には「上州和牛」というブランド牛肉がありますし、こんにゃくやネギなど、すき焼きに必要な具材をすべて県産品でまかなうことができるんです。

磯山　こんにゃくと言えば、以前、群馬の人に「こんにゃくパーク」が楽しいって聞いたことがあります。

森枝　面白い所ですよ。バイキング形式で、いろんなこんにゃく料理が楽しめますし、こんにゃくづくりの体験もできます。富岡製糸場から近いので、寄ってみるといいかもしれません。

磯山　私、前にこんにゃく焼きそばというのを食べたことがあるんですけど、めちゃくちゃ美味しいですよね。こんにゃくラーメンというのもあるみたいだし。

森枝　こんにゃくパンというのもあります。群馬はこんにゃく芋の生産量が日本一ですから、いろんな食べ方を開発しているんです。

それから、意外に知られていない群馬の名物に「水沢うどん」があります。これは〝日本三大うどん〟のひとつに数えられるんですよ。

磯山　日本三大うどんですか。「稲庭うどん」しか思い浮かばないですね。

森枝　讃岐、稲庭、そして水沢うどんが日本三大うどんなんですよ。わりと麺が細めで、のど越しが良いうどんです。あと、群馬県民にとってのソウルフードとして忘れちゃいけないのは「焼きまんじゅう」です。

磯山　テレビで見たことがあります。

森枝　甘辛の味噌だれをつけて焼いたまんじゅうなんですけど、餡《あん》が入っていないので、初めて食べる人はびっくりしますね。僕は子どものころ、学校帰りにおやつ代わりとしてよく食べてました。

　茨城の人にとってのソウルフードというと、やっぱり納豆ですか。

磯山　そうなりますね。くめ納豆、おかめ納豆、天狗納豆あたりが有名ですが、私はこだわりなく、どの納豆でも食べます。

森枝　やっぱり毎日食べるんですか。

磯山　そこまで多くはないですけど、今も週に2〜3回は食べるかな。学校の給食にも納豆は出ます。

森枝　給食に納豆が出るんですか。さすが茨城。

磯山　えっ、ふつう出るでしょう（笑）。でも、実は最近、茨城の納豆消費量が減ってるんです。地域別だと、水戸市は'06年には1位だったんですけど、その後、2〜4位に落ちて。'13年には1位に返り咲いたんですけど、また下がって、'15年は5位まで落ちてしまった。関係者も焦っているのか、駅前には「納豆消費金額日本一奪還を目指そう!!」というスローガンが掲げられてました（笑）。

森枝　みんな、もっと納豆食べろって（笑）。

牛久大仏 vs. 高崎観音

森枝　僕は、茨城というと海くらいしか行ったことがないんですが、ほかに有名な観光地ってありますか。

磯山　たくさんありますよ。定番で言えば、先ほども話題に出た水戸市の「偕楽園」。ここは〝日本三名園〟のひとつとされていて、春先には数千本の梅が咲くんです。あとは大子町にある「袋田の滝」も有名です。〝日本三名瀑〟のひとつと呼ばれていて、4段に分かれて水が流れ落ちてくるので、マイナスイオンが豊富です。冬になると、凍った滝がライトアップされて、すごく幻想的な景色になります。

　大子町はアユも名物ですね。塩焼きが定番ですが、お刺身にしても美味しい。

森枝　へえ、茨城って〝日本三大○○〟が多いんですね。

磯山　最近の観光名所だと、常陸太田市の竜神大吊橋があります。この橋には高さ100mという日本一のバンジージャンプ場があるんです。

森枝　ああ、そこ知ってますよ。わりと新しいんですよね。

磯山　’14年にオープンしました。

森枝　それまで、関東で橋から飛べるバンジージャンプ場って、群馬のみなかみ町にある「みなかみバンジー」だけだったんです。だからテレビ番組で撮影するときはいつも、みなかみで収録してたんですが、竜神大吊橋ができてからは、向こうに取られちゃった。

磯山　申し訳ない（笑）。群馬だと、やっぱり観光地というと温泉ですか。

森枝　そうですね。草津だと、湧き出たお湯を樋《とい》で流す「湯畑」がありますし、伊香保だと365段の石段があって、いろんな店が並んでいる。群馬の温泉は、お湯だけでなく、街全体の風情が楽しめるようになってますね。

　僕が個人的に好きな場所としては、沼田市の「吹割《ふきわれ》の滝」というのがあります。

磯山　どんな滝ですか。

森枝　ここは滝の下から眺めるんじゃなくて、上から眺めるんです。片品川という川を下っていくと、川底がふたつに割れて、滝になって流れ落ちる。周りには不思議な形の岩もあって、迫力のある滝です。

磯山　面白そう。行ってみたいですね。

森枝　僕が茨城で行ってみたいのは「牛久大仏」ですね。すごく大きいんでしょう？

磯山　高さは120mで、ブロンズ像としては世界一。ギネスブックにも載っています。胎内に入ることもできて、高さ85mの展望台までエレベーターで昇ることもできます。胎内には金の仏像が展示されていて、写経できるスペースもあります。

森枝　群馬には「高崎観音」があります。高さは40mくらいなので牛久大仏にはかないませんが、山の上にドーンと立っているので、わりと遠くからも見えますね。車で山道を走っていると、木の陰から急に観音様の顔が出てきて、ちょっと怖いですけど（笑）。

起立、「注目」、礼、着席

森枝　地元に住んでいたころは普通だと思っていたけど、実は全国的には珍しい習慣とか風習ってありますよね。僕は東京に出てきて、お葬式に〝新生活〟の受付がないのでびっくりしたことがあります。

磯山　シンセイカツ？　なんですか、それ。

森枝　お葬式に参列するとき、お返しを受け取らない代わりに、香典の額は少なくていいというものです。群馬の葬式では〝一般〟と〝新生活〟というふたつの受付が用意されるのが普通です。

磯山　それはありがたい習慣ですね。

森枝　もともとは〝新生活運動〟と言って、戦後の貧しい時代に日本各地で奨励された習慣みたいなんですけど、いつの間にか他の県ではなくなってしまって。なぜか群馬だけは今も続いているんです。

磯山　お葬式の習慣というと、茨城では遺族が5円玉とか10円玉を紙にくるんで、参列者に撒くんです。それを子どもたちが拾ってお小遣いにするんです。たまに50円玉や100円玉が入ってると、「やったあ」って。

森枝　それ、僕のひいおばあちゃんのお葬式でやってましたよ。お金をもらえたって喜んでいたら、おばあちゃんから「人のお葬式でなに喜んでるの！」と怒られた記憶があります。

磯山　調べてみると「撒き銭」という風習みたいですね。おもに茨城で行われるそうです。

森枝　なんでうちはやったんだろう。茨城から群馬にも伝わったのかもしれませんね。

風習と言えば、群馬の学校では、先生が教室に入ってくると「起立、注目、礼、着席」という号令がかかるんです。

磯山　ふつうは「起立、礼、着席」ですよね。何に「注目」するんですか？

森枝　先生ですね。僕はずっとそれが普通だと思っていて、東京に出てきて学校のコントを作ったとき「起立、注目、礼、着席」と書いたら、相方から「この〝注目〟って、どういうボケなの？」と聞かれました。ボケたつもりはなかったんだけど（笑）。

それから、群馬は運動会のとき、紅組とか白組でなく、〝赤城団〟とか〝榛名団〟とか、「山」の名前で組を分けるんです。

磯山　渋いですね（笑）。色はどうするんですか。

森枝　赤城は赤、白根は白、妙義が黄色で榛名が緑、浅間が青です。一番人気は赤城です。

磯山　赤城山って有名ですもんね。

茨城の習慣と言うと、七五三が派手というのがありますね。ホテルの宴会場に親戚を集めて、すごく豪華な食事を振る舞うんです。特に長男と長女のときは力が入っていて、なかには100万円くらいかける家もあります。

森枝　すごい。結婚式みたいですね。

磯山　女の子の場合だと〝お色直し〟もありますから、本当に結婚式みたいですよ。私は三女なので、それほどお金はかかってませんが。

あと、習慣なのか県民性なのか、茨城の人はお客さんが来ると、やたらと食べ物を勧めますね。ちょっと近所の家にお遣いに行くと、「おしんこ食べてけ」とか「干し芋持ってけ」となる。以前、個人でやっている駐車場に車を駐めていたら、管理人さんがなぜか野菜をくれたことがあります（笑）。茨城県民の〝おもてなし〟の心なのかもしれません。

森枝　田舎に行くとそういうことありますよね。僕も番組のロケで地元を回ると、あれ持ってけとかこれ食ってけって言われます。県内の有名な刀鍛冶の人のお宅にお邪魔したとき、なぜか「うちで穫れたぶどうを食ってけ」と言われて、次のスケジュールが迫っているのに食べるまで帰してくれないことがありました（笑）。

〝主役不在〟の両県

森枝　こうして改めてお話ししてみると、茨城も群馬も、それなりに面白い土地ですよね。なんでこんなに魅力がないって言われるんだろう。

磯山　茨城の場合だと、泊まりに行く観光地がないからかもしれません。首都圏から近いから、ふらりと遊びに来ることはあっても、日帰りで済んでしまいますから。群馬だと、温泉に泊まってくれるんでしょうけど。

森枝　確かに温泉は有名ですけど、それが群馬にあることがあまり知られてないんです

（笑）。「群馬と言えばこれだ」という〝主役〟がいない。富岡製糸場も世界遺産になりましたが、稼働しているわけではないから、ちょっと地味な印象です。

磯山　それと、茨城の人は、他の県に自分たちの良いところをアピールしないんですよ。食べ物も豊富で気候もよくて、おまけに海まであるから自分たちの暮らしに満足してしまって、外に向かって自慢しない。

森枝　自分たちの県について、もっと知ることも必要でしょうね。群馬も茨城も広いから、自分の出身地のことはよく知ってるけど、ちょっと離れた場所のことは知らないということはよくあります。だからまず、自分の県のことをよく知って、よその県の人に「あそこが面白いよ」っておすすめできるようにならないと。

磯山　本当ですね。私も「旬刊！いばらき」を担当するようになって初めて知った茨城の名物や観光地ってたくさんあります。これからも「いばらき大使」としてもっと県のことを勉強して、全国の皆さんに知ってもらえるように努力します。

森枝　僕も「ぐんま観光特使」の一員として、もっともっと県の良さをアピールしていきたいですね。

第2章　風土、名産、企業——ペヤングか、うまい棒か

広い家に住むなら茨城

「はじめに」でジャーナリストの木部克彦氏が指摘したように、茨城や群馬の魅力度が低い背景には、両県の「存在」そのものがあまり知られていないということがある。そこで本章では、各種のデータをもとに、両県の〝真の姿〟を浮かび上がらせてみたい。

まずは総務省統計局のデータから、広さと人口を見る。

両県の面積を比較すると、茨城の６０９７㎢に対し、群馬は６３６２㎢と、やや広いが、人口（２０１４年）を比べると群馬の約１９８万人に対し、茨城はざっと１００万人も多い約２９２万人。これは、総面積のうち「可住地面積」の割合が、茨城は全国４位となる65・３％と高い一方で、群馬は36・２％と低いため。ごく簡単に言えば、「人の住める土地」が茨城のほうが広いために、人口も群馬に比べて多いということだ。

また、可住地面積の割合が高いとあって、茨城は住宅の敷地面積も広い。茨城県広報監の取出氏はこう胸を張る。

「一戸あたりの住宅敷地面積を比較すると、茨城は４２５㎡（'13年）で全国１位なんです。広い家に住みたいなら茨城ですよ」

一方の群馬も、茨城ほどではないにせよ、一戸あたりの住宅敷地面積は約３５５㎡で全国９位。東京都（都下も含む）の１４０㎡や、神奈川県の１７０㎡に比べると、倍以上の広さを誇っている。群馬出身で、現在は東京に暮らす主婦がいくぶん自慢げに言う。

「結婚前に、初めて主人を私の実家に連れて行ったとき、『キミの実家って、お金持ちだったんだね』とびっくりされたことがあります。実家は群馬ではごく平均的な大きさだったんですが、東京出身の主人にとっては豪邸に見えたようですね」

また、両県は広さのわりに公共交通機関が少ないため、移動はもっぱらクルマに頼っている。人口１０００人あたりの自家用乗用車数（'15年）を見ると、群馬は全国１位となる６８３・９台。茨城も６６０・５台で全国２位のクルマ社会だ。

「茨城では〝一家に一台〟ではなく、〝ひとり一台〟が常識。両親、子ども用と、３台クルマがある家も珍しくありません」とは茨城の会社員。群馬も「群馬の子は高校三年生になれば免許を取りに行きます。大学合格のお祝いにクルマをプレゼントしてもらう子もいますよ」（県内の大学生）という。

ただ、クルマ社会が発達したゆえに、こんな珍事も発生する。群馬県出身の会社員が苦笑する。

「群馬県では道を歩いていると、通りかかったクルマの中からジロジロ見られることがよくあるんです。歩いている人が珍しいから、『不審者じゃないか』と疑われるみたいですね」

まるで外国でのエピソードのように聞こえるが、紛れもなく日本での出来事である。

上州名物「空っ風」に異変が！

地域の魅力を考えるとき、「気候」もひとつの判断材料となる。「北海道」と聞けば厳しい冬の寒さをイメージするし、「沖縄」と言えば温暖なビーチを思い浮かべるものだ。

では、茨城、群馬の気候はどうか。

「茨城は日差しが強い。そのせいか、肌の焼けている県民が多いような気がします」と語るのは、茨城の美容師。実際、1年間の日照時間（'14年）を見ると、茨城は2250時間で全国5位、年間の快晴日数も全国5位となる46日と、総じて天候に恵まれている。

対する群馬県も、年間日照時間が2344時間で全国2位、快晴日数は40日で全国8位と、晴れの日は多い。そして群馬の気候の特色と言えば、まず思い浮かぶのは「空っ風」と呼ばれる強風だろう。

空っ風とは、冬場にシベリア高気圧に乗って日本に吹いてきた風が、群馬と新潟の県境にある山岳地帯を越える際に水分を失い、乾いた状態で群馬県内に吹き下ろすもの。

「かかあ天下」と並んで、〝上州名物〟とも言われるだけに、群馬県民には空っ風にまつわる思い出が数多い。群馬県職員はこう懐かしむ。

「高校生のころは自転車で学校に通っていたんですが、向かい風が強い日は自転車がなかなか前に進まないので、よく遅刻したものです。空っ風は土ぼこりを巻き上げるので、目を開けられないこともありましたね」

群馬の女性会社員は、こんな「空っ風対策」を講じていたという。

「中高生のころ、風が強い日はスカートが巻き上げられるので困っていたんです。それでいろいろ試してみたところ、スカートの丈は短いほうが風にまくられないことを発見しました。以来、風が強い日はミニスカートを穿《は》くことが多かったですね」

もしかすると、群馬県の女性はミニスカートの着用率が高いのだろうか。大いに気になるところだが、近年の群馬ではそんなことより重大な〝異変〟が起こっていた。群馬県の居酒屋店主が語る。

「昔は冬になれば、1週間くらいずっと空っ風が吹いていたもんだけど、この10年くらいは年に一度、吹くか吹かないかになったな。地球温暖化なんて言われるけど、そういう影響があるのかねえ」

〝異変〟はそれだけではない。県内の会社員はこうも言う。

「空っ風と並んで、昔の群馬は雷の多発地帯としても知られていたんです。雷の形状もいろいろあって、私が子どものころには、空を一文字に横切るような雷を見たこともありました。でも、最近は大きな雷がめっきり少なくなりましたね」

空っ風に雷という、群馬を代表する二大名物が失われつつあるというのだ。県民感情としては一抹の寂しさを禁じえないのではないかと思われるが、先の居酒屋店主にそう水を向けると、からりと笑ってこう答えるのである。

「いや、全然。風が強くても、洗濯物が早く乾くくらいで、いいことは何にもないもの。雷だって近くに落ちたら怖いから、ないほうがいい。今のほうがずっと暮らしやすいよ」

茨城は全国2位の「農業大県」

続いて「食」の面から両県を比較してみよう。

農水省の統計によると、茨城の'14年の農業産出額（生産量に販売価格を乗じたもの）は4292億円。これはトップの北海道（1兆1110億円）に次いで、全国2位の数字だ。

あまり知られてはいないが、茨城は「農業大県」なのである。

品目別に収穫量を見ると、メロン（４万トン）やレンコン（２万９０００トン）、チンゲン菜（1万１７００トン）、栗（５１８０トン）、エシャロット（５４６トン）など、全国1位を誇る農作物も数多い。

そしてこれらの農作物は、おもに首都圏に供給されている。東京・築地の中央卸売市場での’15年の青果物取扱高を見ると、都道府県別では茨城産品が５６６億円で1位だ。「首都圏の台所を支えているのは茨城県」（茨城県広報監・取出氏）なのである。

また、茨城の海は、沖合で黒潮と親潮が交わる好漁場とあって、水産業も盛んだ。品目別には、サバ（13万２０８０トン）、マイワシ（6万１４４1トン）などが漁獲量全国1位（’14年）となっている。さらに、茨城は全国2位の広さがある霞ヶ浦をはじめ、那珂川、利根川といった河川や湖沼での内水面漁業も行われており、漁獲量全国1位（４６７トン）のアユをはじめ、ワカサギやコイなどの漁獲量も多い。

こうした数字を見ていくと、茨城が「食の宝庫」であることがよくわかる。

しかし、「茨城産」と聞いても、一般消費者としては、いまひとつ「ありがたみ」を感じないのが正直な気持ちではないだろうか。

たとえば、メロンと言えば北海道の「夕張メロン」が思い浮かぶし、サバと言えば大分県の「関サバ」のほうがずっと有名だ。

なぜ、茨城県産品は軽んじられてしまうのだろうか。県内で農家を営む男性は言う。

「茨城は、日本最大の消費地である東京から近いことが理由のひとつだと思います。もちろん、おいしいものを作っているという自負はありますが、特に宣伝しなくても、東京に持っていくだけで売れる。だから茨城の野菜は目立たないんじゃないでしょうか」

放っておいても売れるから、わざわざ宣伝する必要はないというのである。東京から近いという「地の利」が、かえって茨城県産品を地味な存在にしているとも言える。

ただ、茨城県としても、こうした現状に手をこまねいているばかりではなく、県産品の「ブランド化」に取り組んでいる。

たとえば、近年では完成までに10年もの歳月を費やし、上品な甘さには定評がある「イバラキング」なる新種のメロンを売り出している。その微妙なネーミングについては、県民の間でも賛否が分かれるというが、いつの日か、その名の通りメロン界の王座につく日は来るのだろうか。

群馬はすき焼き県？

茨城県の農産品が「量」で勝る一方、農産品の「ブランド力」という点では群馬に分があると言えるだろう。

群馬の有名な野菜としては「下仁田ネギ」がある。群馬県の下仁田町周辺でのみ栽培され、種植えから収穫まで1年3ヵ月もの長期間を必要とする。時間をかけて栽培されるだけに、直径は6～9cmと極めて太く、生のままでは辛いが、熱すると独特の甘みが感じられる。江戸の大名が注文したことから「殿様ネギ」の別名もある。

また、標高2000m級の山々が連なる群馬では、高原野菜の栽培も盛んだ。とりわけ嬬《つま》恋《ごい》村の「嬬恋高原キャベツ」は夏から秋にかけて、全国のキャベツ総出荷量の半分を占めるという。一方で、群馬の火山性土壌は、こんにゃく芋の栽培にも適しており、農水省の統計によれば、'15年の収穫量は、群馬県が5万6500トンで全国1位を誇っている。

海がない県だけに、群馬に魚介類はないと思われがちだが、県の水産試験場が育種した「ギンヒカリ」というニジマスがブランド魚として売り出されている。普通のニジマスは1匹200g程度だが、ギンヒカリは1kgと大きく、肉質はきめ細かく滑らか。刺身やかば焼きなど、様々な調理法があるという。

さらに最近、群馬県は「やよいひめ」という新種のいちごを売り出している。やよいひめは群馬県の「とねほっぺ」と栃木県の「とちおとめ」を掛け合わせたもので、県内のいちご生産の7割を占めている。

野菜から魚まで、群馬が個性的な食材の生産に意欲的に取り組んでいるのは確かだろう。ただ、群馬県産品はこんにゃくやネギなど、どちらかと言えば地味な食材が多く、派手さに欠けると言わざるをえない。

そこで県では、新たな食の名物として「群馬県すき焼きプロジェクト」を展開している。群馬には「上州和牛」というブランド牛肉があるほか、こんにゃくやネギ、シイタケ、春菊など、すき焼きに必要な具材をすべて県産品で揃えることができることから始まったプロジェクトだ。ただ、これも現状では県民に浸透しているとは言いがたい。群馬県在住のフードライターはこう首をひねる。

「地元産品だけで作ったからと言って、その県の名物とは言えないでしょう。たとえば、すき焼きの主要の具材には牛肉ではなく、品質には定評のある県内産の豚肉を使ってみる。あるいは、高知県には『サバのすき焼き』がありますから、群馬はギンヒカリを使うとか。いずれにしても、もっと個性がほしい」

すき焼きを群馬名物にするためには、もうひとひねりが必要なのかもしれない。

実は納豆が好きじゃない茨城県民

多くの食材を首都圏に供給している茨城と群馬。では、両県民は普段、何を好んで食べているのだろうか。

茨城と言えば、まず思い浮かぶのは納豆だろう。

「多いときは三食すべてに納豆をつけることがありますね。僕は毎朝、納豆にからしとマヨネーズを混ぜたものをトーストに載せて食べます」（県内の会社員）、「東京のスーパーは納豆売り場が茨城の半分くらいしかなく、お気に入りのブランドが置いてないので困ってます」（都内に住む茨城県出身の会社員）という具合に、納豆に対する思い入れは強い。

だが、前章で磯山さやかさんが指摘したように、統計を見ると、必ずしも茨城県民が納豆好きとは言い切れないのである。

総務省の「家計調査」（'15年）によれば、納豆の購入額（2人以上の世帯）は、1位が福島市（福島県）、2位が前橋市（群馬県）、3位が盛岡市（岩手県）、4位が山形市（山形県）で、茨城の水戸市は5位に甘んじているのである。茨城県民の「納豆ばなれ」が始まっているのだろうか。

茨城の名物料理としては、「アンコウ鍋」も有名だ。古くから「西のフグ　東のアンコウ」と称され、身の締まった茨城のアンコウは江戸時代には水戸藩から朝廷への献上品だった。

アンコウは骨以外、すべて食べられると言われるが、県内の会社員によれば「大洗海岸の魚市場に行けば、その場でまるごと一匹さばいてくれますから、余すところなくアンコウを味わえます」という。ちなみに県北部では肝をすりつぶし、水を加えずに野菜や身から出る汁だけで煮込む「どぶ汁」という料理がある。他県民からすると、いささか引いてしまう名称だが、「どぶろく」のように汁が白く濁ることからこの名がついたと言われる。

また、茨城は「うな丼」発祥の地だという説がある。

江戸時代中期、現在の常陸太田市出身で、江戸に出て商人として成功をおさめた大久保今助という人物が、あるとき、牛久沼を渡し舟で渡ろうとしたときのこと。腹が減った今助は、船に乗る前に食事をしようと、船着き場付近の茶屋で、うなぎのかば焼きと丼飯を注文したのだが、いざ食べる段になって渡し舟の出発時間になってしまった。

慌てた今助は、とっさに持っていた丼飯にかば焼きを載せ、舟に乗り込んだ。そして対岸につくころ、丼飯にかば焼きのたれが良い具合に染み込み、絶妙の味になっていた。これを知った近隣の茶屋が「うな丼」として供するようになったというのである。

うな丼の発祥についてはこれ以外にも諸説あるが、現在も龍ケ崎市にはいくつものうなぎ店が軒を並べ、いずれも丼からはみ出さんばかりの大ぶりのうなぎを提供している。うな丼も茨城の名物料理のひとつと言えるだろう。

「粉もの」と言えば群馬

一方の群馬は、冬場の日照時間が長く、土壌の水はけが良いこともあって、古くから小麦の栽培が盛んだ。農水省の統計によると、’15年の小麦の収獲量は２万３５００トンで、北海道、福岡、佐賀に次ぐ全国４位となっている。

こうした背景があるため、群馬県の名物料理は「水沢うどん」「焼きまんじゅう」「おっきりこみ」など、小麦粉を使った「粉もの」が多い。

異論もあるが、「水沢うどん」は香川県の讃岐うどん、秋田県の稲庭うどんと並ぶ「日本三大うどん」のひとつとされる渋川市伊香保町の名物だ。ざっと４００年ほど前、伊香保温泉にほど近い、水沢寺の参拝客に向けて供されたのが始まりと言われ、コシの強さが特徴だ。

「焼きまんじゅう」とは、味噌だれを付けたまんじゅうを竹串に刺して焼いたもの。まんじゅうには餡や具が入っていないため、皮だけを食べるような感覚だが、たれの味付けが濃厚なためか、ひと串食べるとけっこう腹が膨れる。県民にとっては手軽なおやつである。

そして近年、群馬県が郷土料理として対外的にアピールしているのが「おっきりこみ」(「おきりこみ」とも言う)だ。

これは、野菜や肉、魚とともに、幅広の平打ち麺を煮込む鍋料理のこと。麺を下茹でせずに煮込むため、独特のとろみが味わえる保温性の高い料理だ。関東在住の人であれば、山梨県の名物「ほうとう」に近いと言えば、イメージしやすいかもしれない。

群馬県は養蚕業が盛んだが、養蚕農家では早朝から深夜まで、働きづめになることも多い。そんな忙しいときに、煮込むだけで手軽に調理できることから「おっきりこみ」が広まったとも言われる。まさに、群馬県民にとっての〝ソウルフード〟と言えるだろう。

だが、せっかくの伝統料理にもかかわらず、群馬県民はどこか「おっきりこみ」を軽んじているという。『今夜も「おっきりこみ」』(言視舎)という著書もある、前出の群馬在住ジ

群馬県民のソウルフード「おっきりこみ」

ャーナリスト・木部克彦氏が嘆く。

「豊富に野菜を摂ることができるおっきりこみは、とてもヘルシーな料理です。味付けも、伝統的なものは醬油味や味噌味ですが、カレー仕立てにしてみるとか、ブイヤベース風にするとか、いろんなバリエーションを楽しむことができます。

ところが、群馬県では高齢層を中心に、『あんなものは、米が食えなかった時代の代用食だ』という偏見を持つ人が少なくないのです。せっかく群馬の郷土料理なのだから、もっと県外の人たちにアピールすべきだと思うのですが……」

また、粉食が盛んということで、群馬

の高崎市は近年、「パスタのまち」を標榜している。同市では年に一度、「キングオブパスタ」というイベントが開催され、県内のパスタ店が自慢の一皿を競っている。ちなみに高崎のパスタ店には、S・M・Lなど、分量を細かく指定できる店もある。Sといっても他県のレギュラーサイズ並みの分量なので、初めて食べる人はSが無難かもしれない。

駄菓子とインスタント食品

茨城、群馬両県の「食の名物」はまだある。多くの日本人が子どものころに食べたであろう「うまい棒」を生産しているのは、茨城県常総市が本拠地の「リスカ」だ（販売は東京の「やおきん」）。

コーンポタージュ味、チーズ味といった定番から地域限定商品まで、様々なラインナップが展開されているが、ライバルの群馬県でも人気のゆるキャラをあしらった「ぐんまちゃんうまい棒」（とんかつソース味）が地域限定商品として発売されている。

茨城、群馬という不人気ツートップ県の〝奇跡のコラボ〟が実現した——と言っては失礼だが、濃厚なソース味は、ビールのつまみにもいい。「リスカ」はほかにも、ついつい食べすぎて周囲にニンニク臭をまき散らしてしまう「ハートチップル」も生産している。

その「リスカ」社長の実弟が経営する茨城の食品メーカー「菓道」は、これまた子どもに人気の「キャベツ太郎」を作っている。

さらに茨城は〝洋モノ〟菓子も扱っていた。スイスに本拠を置く、売上高世界最大の食品メーカー「ネスレ」と言えば、チョコレート菓子の「キットカット」が有名だが、日本における同製品は、茨城の工場で生産されているのだ。

まさに茨城は〝菓子王国〟と言えるだろう。

これに対し、群馬には名だたるインスタント食品の製造メーカーがある。

'14年の「虫混入事件」により生産中止を余儀なくされたものの、根強いファンの後押しで復活した「ペヤングソースやきそば」を製造・販売しているのは伊勢崎市に本社を置く「まるか食品」。ちなみにペヤングとは、若い（ヤング）カップルがふたり（ペア）で食べてほしいというコンセプトのもと、ペア＋ヤングでペヤングという名称になったとのこと。

'16年からは姉妹品「ペヨングソースやきそば」も発売されている。こちらはペヤングより価格を抑えるために内容量を減らしたものだ。量が減ったために、名称も「ヤ行」の一番下である「ヨ」に落としたのだという。

また、'16年に発売50周年を迎えた袋麵のロングセラー「サッポロ一番」は、名前だけ聞くと北海道のメーカーが作っているのかと思いがちだが、実は群馬県前橋市で創業された「サンヨー食品」の製品だ。先代社長の井田毅氏が商品開発のため全国のラーメンを食べ歩いた結果、札幌市で出会ったラーメンに感銘を受け、「サッポロ」の名を冠したと言われる。

従来のインスタントラーメンの多くは麺そのものに味がついていたのだが、「サッポロ一番しょうゆ味」はスープの仕上がりにこだわり、麺とスープを分けたのだという。

さらに、ちょっと高級なアイスクリームブランド「ハーゲンダッツ」は、高崎市で国内生産されている。

ちなみにアイスと言えば、子どもに人気の「ガリガリ君」を作っている「赤城乳業」を思い起こす人もいるかもしれない。この社名には、「噴火しなければ富士山よりも裾野が広かっただろう」と言われる「赤城山」のように、幅広く多くの人々のための商品を作りたいとの思いが込められているという。

そう聞くと群馬の企業だと思いがちだが、こちらは埼玉県深谷市の会社である。

日本を救った富岡製糸場

ここまで茨城、群馬両県の「風土」および「食」を見てきたが、地域の魅力を語るうえで

国民的人気商品対決

茨城代表「うまい棒」（やおきんHPより）

群馬代表「ペヤングソースやきそば」（まるか食品HPより）

「やきとり味」や「プレミアムうまい棒」といった新製品が次々に開発されるうまい棒。一方のまるか食品も「ペヤングチョコレートやきそばギリ」など斬新な新製品では負けていない

は「観光資源がどれだけあるのか」も重要な要素だ。両県にはどんな観光スポットがあるのか見ていこう。

近年、北関東で最も注目を集めた観光地と言えば、'14年にユネスコの世界遺産に登録された群馬の「富岡製糸場（と絹産業遺産群）」だろう。

同製糸場は明治5年（1872年）、当時の日本の主要な輸出品だった生糸の品質向上と増産を目的に、かねてから養蚕業の盛んだった群馬県富岡市に設立された官営工場だ。フランス人技術者のポール・ブリュナの指導のもと、全国から集まった工女らが作った生糸は、欧州各国で高く評価されたという。構内には繭から生糸を取る「繰糸所」や、繭を貯蔵する東西の「繭置所」など、歴史的な建物が林立している。

「世界遺産に登録された直後に比べると、最近はブームも落ち着いてきました」（ぐんまイメージアップ推進室）というが、今も全国各地から団体客を乗せたバスがひっきりなしに訪れ、賑わいを見せている。

ただ、外観の印象という面では、いくぶん地味と言わざるをえない。もちろん、レンガ造りの瀟洒《しょうしゃ》な建物は歴史を感じさせるが、同じく世界遺産である「古都京都の文化財」や、長崎県の〝軍艦島〟こと「端島《はしま》炭鉱」に比べると、ビジュアル面でのインパクトに欠ける。

しかし、外観こそ地味ながら、富岡製糸場は日本の近代化に大きな影響をもたらしたのだと、前出の木部氏は力説する。

「明治初期という時代背景を考えてみてください。当時の日本は鎖国をやめたばかりで、欧米列強に比べると、はるかに近代化が遅れていた。そんな時代に富岡製糸場は品質の高い生糸を輸出し、多くの外貨を日本にもたらしました。そして獲得した外貨を使って、日本は近代化を果たし、先進国の仲間入りをすることができたのです。

もし、生糸という輸出品がなければ、日本は外貨獲得もままならず、先進国になるどころか、欧米の植民地になっていたかもしれない。つまり、富岡製糸場は日本を救ったと言えるのです。

また、富岡製糸場で開発された技術は、生糸の大量生産を可能にしました。それまでは一部の特権階級の持ち物だった絹製品を、世界の多くの人々に安く普及させたという点でも、富岡製糸場は世界遺産にふさわしいと言えるでしょう」

明治という時代に思いをはせてこそ、富岡製糸場の歴史的価値がわかるというのである。

一方、茨城で歴史的な名所と言えば、水戸市の「弘道館」がある。同館は天保12年（1841年）に、徳川幕府最後の将軍・徳川慶喜《よしのぶ》の父であり、第9代水戸藩主だった徳川斉昭《なりあき》が開設した日本最大級の「藩校」だ。水戸藩士とその子弟が学び、武芸のみならず儒学、歴史、数学、さらに天文学や音楽など、幅広い科目が教えられた。「水戸学」の大家である会沢正志斎《せいしさい》や藤田東湖など、後の尊王攘夷の志士たちに大きな影響を与えた人物が指導にあたった。

また徳川斉昭は、岡山県岡山市の「後楽園」、石川県金沢市の「兼六園」と並び〝日本三名園〟のひとつに数えられる「偕楽園」（水戸市）も創設した。名称は中国の古典『孟子』の「古《いにしえ》の人は民と偕《とも》に楽しむ、故に能《よ》く楽しむなり」という一節に由来するという。

１９９９年には隣接する千波公園と統合され、敷地面積は約３００ヘクタールになった。都市公園としては米ニューヨーク州のセントラルパークに次ぎ、世界第２位の広さを誇る。庭内にはざっと１００品種、３０００本もの梅が植えられ、２月下旬から３月下旬にかけての「梅まつり」には、県内外から多くの見物客が訪れる。

草津温泉は長野県？

多くの日本人にとって、観光地として真っ先に思い浮かぶのは温泉だろう。近年は温泉を目的に訪日する外国人観光客も多いとあって、全国の温泉地は様々な形で知名度アップを図っている。たとえば大分県は'13年に「おんせん県おおいた」を商標登録し、「日本一のおんせん県おおいた」を県のキャッチコピーにしている。

こうした大分の猛アピールに対し、「何を言ってるんですか。日本で一番の『おんせん県』と言ったら群馬に決まっているでしょう」と憤るのは群馬県の会社員だ。

実際、関東圏に住む人ならば、一度は群馬の温泉に足を運んだことがあるだろう。

とりわけ有名なのは、下呂温泉（岐阜県下呂市）、有馬温泉（兵庫県神戸市）と並ぶ〝日本三名泉〟のひとつに数えられる草津温泉（群馬県吾妻郡草津町）だ。毎分３万２３００ℓ、一日あたりドラム缶約23万本分という日本一の自然湧出量を誇り、泉質（源泉）はpH値２・1と酸性度が高い。神経痛や関節痛、動脈硬化症や高血圧症など、様々な症状に対し効能があるという。

草津のほかにも、３６５段の石段で有名な伊香保温泉（渋川市伊香保町）や、与謝野晶子ら多くの文人に愛された水上温泉（利根郡みなかみ町）、肝臓の働きを活発にするという、藪塚温泉（太田市藪塚町）、〝四万の病に効く〟ことからその名がついたとされる四万《しま》温泉（吾妻郡中之条町）など、群馬には個性豊かな温泉がある。そして温泉地が多いだけに、県民はこんな使い方をするという。

「会社の仲間と飲み会となったら、温泉宿に行くんです。街中の居酒屋で3次会くらいまでやってタクシーで帰るとなると、1万5000円くらいかかってしまいますが、手頃な温泉宿なら、二食ついても1万2000円くらい。県内であれば、どこからでも近くの温泉までクルマで30分~1時間もあれば着きますから、翌日に仕事があっても十分、間に合うんです。こんな贅沢をできるのは群馬だけですよ」(県内の会社員)

それほど気軽に温泉に行けるとは、何ともうらやましい環境である。しかし、温泉の高い知名度が群馬県のイメージアップにつながっていないとの声もある。

「他県の人に『群馬には草津温泉がある』というと、『草津温泉って長野県じゃなかったの?』とか『草津って滋賀でしょ』と言われるんです。温泉は知っているけれど、それが群馬にあることは知られていないんです……」(前出の会社員)

温泉という群馬最大の観光資源を活かしきれていないというのである。

一方、茨城にも、筑波山周辺や大子町、水戸・大洗周辺、霞ヶ浦周辺にいくつかの温泉が点在している。いずれも群馬の温泉地ほど有名ではないが、「大洗海岸付近の温泉宿に泊まれば、海で遊んだ後に温泉を楽しむこともできます。海のない群馬ではできないでしょう」と茨城県民は胸を張る。

ネモフィラvs.ミズバショウ

茨城、群馬両県には、豊かな自然に触れられる観光名所もある。

近年の茨城県で観光客が増えているのは、ひたちなか市の「国営ひたち海浜公園」だ。

同公園は戦時中に日本陸軍が飛行場として拓《ひら》き、戦後は米軍が射爆撃場として利用していたが、事故を機に起こった返還運動を経て'91年より公園として広く利用されるようになった。

総面積は東京ドーム5個分という350ヘクタール。現在はそのうち55%にあたる191・9ヘクタールが開園しており、スイセンやチューリップ、バラ、コキアなど四季を通じて様々な花が咲き誇る。米テレビ局CNNが「日本の最も美しい場所31選」として取り上げたこともある。園内には観覧車などの遊戯設備もあり、まる一日遊ぶことも可能だ。

同公園でとりわけ有名なのは、例年、ゴールデンウィークに開花時期を迎える「ネモフィラ」という花だ。ネモフィラは北米原産の一年草で、和名を瑠璃唐草《るりからくさ》という。毎年、シーズンになると同公園を訪れるという茨城県の主婦はその魅力をこう語る。

「ネモフィラは青い花を咲かせるんですが、それが空の青さと溶け合って、幻想的な風景を浮かび上がらせるんです。こんな光景はほかでは見られません」

ネモフィラ目当ての観光客は年々増加しており、'16年にはゴールデンウィークだけで約36万人もの入場者があったという。また同公園では例年、8月に日本人アーティストだけで行われる音楽イベント「ロック・イン・ジャパン・フェスティバル」が開催され、10万人以上の観客を集めている。

対して群馬県の自然と言えば、〝夏が来れば思い出す〜〟（「夏の思い出」江間章子作詞／中田喜直作曲）でおなじみの「尾瀬ヶ原」が有名だ。

尾瀬ヶ原は、至仏山《しぶつさん》や燧《ひうち》ヶ《が》岳《たけ》といった2000m級の山々に囲まれた東西6㎞、南北2㎞の広大な湿原で、ミズバショウやニッコウキスゲをはじめ、多くの高原植物が自生している。'60年には国の特別天然記念物に指定され、'05年には、水鳥の生息地として重要な湿地の保全を促す「ラムサール条約」の登録地にも選ばれた。

敷地は福島県および新潟県にもまたがるが、8割は群馬に属しており、入山者の多くは同県沼田市からのルートを利用している。年に2〜3回は尾瀬を訪れるという群馬県のアマチュアカメラマンは言う。

「尾瀬と言えばミズバショウが有名ですが、そのほかにも900種類もの植物が確認されて

自然公園対決

茨城代表「国営ひたち海浜公園」

群馬代表「尾瀬ヶ原」

「ひたち海浜公園」は入園料410円（大人）で、遊園地も楽しめる（アトラクション料金は別）。一方、「尾瀬ヶ原」は無料。自然をそのままに楽しむため、遊園地などの遊戯施設はないいて、季節によってまったく違う景色を楽しめる。ぜひ全国の皆さんに知ってほしいですね」

日本三名瀑vs.東洋のナイアガラ

先に水戸市の「偕楽園」を〝日本三名園〟のひとつと紹介したが、茨城には他にも〝日本三大〟に数えられるイベントや名所がある。

そのひとつに、秋田県の「全国花火競技大会」、新潟県の「長岡まつり大花火大会」と並び、〝日本三大花火大会〟に数えられる「土浦全国花火競技大会」（土浦市）がある。

この花火大会は「競技会」の名のとおり、全国の業者が自作花火の出来を競うというもの。

開催時期は例年10月と遅いが、次期シーズンに向けた新作花火が打ち上げられるとあって、ファン必見の大会だという。

「季節柄、少し肌寒い中で行われますが、どの花火大会よりも早く最新作を楽しむことができます。打ち上げられた花火についての詳しい解説を聞くことができるのも、競技会ならではの楽しみです」（土浦市民）

また、茨城には〝日本三大湖沼〟のひとつ、霞ヶ浦もある（他のふたつは滋賀県の琵琶湖と北海道のサロマ湖）。霞ヶ浦は面積が約220㎢で琵琶湖（670㎢）に次ぐ2位だが、湖岸線の長さは約250㎞と、2位の琵琶湖（241㎞）を超えて全国1位だ。湖なのに「浦」と呼ばれるのは、かつて海の入り江だったことに由来する。現在は水門があり、ほぼ淡水で満たされている。ワカサギやコイ、ハゼのほか、外来魚のブラックバスが生息しており、多くの釣り客が訪れ、かつては漁に用いられた「帆引き船」という観光用の帆船も運航している。

さらに茨城には〝日本三名瀑《めいばく》〟のひとつがある。「瀑」とは聞きなれない言葉だが、高い場所から直下する水の流れ、すなわち滝のこと。茨城の「袋田の滝」（久慈郡大子町、幅73m、高さ120m）は、「華厳《けごん》の滝」（栃木県日光市、幅7m、高さ97m）、「那智の滝」（和歌山県那智勝浦町、幅13m、高さ133m）と並び、三名瀑とされている。

滝の流れる岩壁が4段あることから〝四度の滝〟との別名もあり、僧侶であり歌人の西行法師が訪れた際には「この滝の良さを味わうには、四季に一度ずつ来なければならない」と絶賛したという名瀑である。

冬季には滝が全面凍結し、アイスクライミングも楽しめるという。だが、現地ガイドによれば、「ここ数年は、凍結することが少なくなりました」とのこと。ここにも、気候変動の影響が表れているのだろうか。

群馬にも名瀑がある。地元民からは〝東洋のナイアガラ〟と言われる沼田市の「吹割の滝」（幅約30ｍ、落差７ｍ）だ。

この滝は、水流が川床をＶ字形に浸食し、あたかも岩が吹き割れたかのように水が流れ落ちることからその名がついたという。国の天然記念物に指定されており、周辺には「鱒飛《ますとび》の滝」や「般若岩」といった奇岩群もある。轟々《ごうごう》たる流れは勇壮であり、一見の価値は十分あると言えるだろう。

ただ、アメリカ－カナダ国境を分かち、高さが約50ｍもある本家・ナイアガラの滝と比べるのはいかがなものかという気もするが……。

デカイのが好き

茨城、群馬両県の観光スポットには、「デカさ」を誇るものも多い。

なかでも有名なのは茨城県牛久市の本山東本願寺にある「牛久大仏」だ。高さは実に１２０ｍ（像高１００ｍ、台座20ｍ）もあり、青銅製立像としては世界一。ギネスブックにも登

名瀑対決

茨城代表「袋田の滝」

群馬代表「吹割の滝」

どちらも日本の名勝に数えられる。「袋田の滝」は滝が凍る「氷瀑」が見所のひとつだが、「吹割の滝」は冬季は遊歩道が閉鎖されてしまうため、12月中旬から３月上旬は見学できない

録されている。顔の長さ（20m）だけで奈良の大仏（14・98m）を超え、総重量は400トンに及ぶ。ちなみに、初代ウルトラマンは身長40m、'16年に公開された映画『シン・ゴジラ』の大きさは118・5m。牛久大仏のほうがデカい。

仏像の胎内にはエレベーターが用意されており、85mの高さまで上がれば、県内を一望することもできる。お盆にはライトアップされた大仏像の周りに花火が打ち上げられる「牛久大仏万燈会《まんとうえ》」も開催される。もはや仏像の域を超えた総合アミューズメント施設と言えるかもしれない。

また、茨城の大子町には、地蔵としては日本一と言われる高さ9・62mの「安産子安地蔵尊」というお地蔵さまがある。今から400年以上前、久慈川に流れ着いた自然石を子育ての地蔵と祀《まつ》ったことが始まりとされ、現在の地蔵は1964年に建立されたもの。地蔵とはいえ、単に石を彫っただけでなく、目鼻立ちもくっきりと描かれた不思議な味わいのある像だ。

「デカさ」では、群馬も負けていない。高崎市の慈眼院にある「高崎白衣《びゃくえ》大観音」もなかなかのものだ。高さは約42mと、牛久大仏の半分以下だが、丘陵地にあるためよく目立ち、沿線の電車からも一望することができる。

巨像対決

茨城代表「牛久大仏」

群馬代表「高崎白衣大観音」

「牛久大仏」は浄土真宗東本願寺派本山東本願寺によって作られた。対する「高崎白衣大観音」は高野山真言宗慈眼院にある。こちらも1936年の建立時点では世界最大の観音像だったこちらの観音像も胎内に入ることができるが、エレベーターはなく階段のみ。上り下りはなかなかきついが、それぞれの階には仏像が置かれており、最上階（９階）まで登ると釈迦如来像が出迎えてくれる。

群馬は官庁の建物もデカい。'99年に竣工した地上33階、地下３階の群馬県庁舎は、高さが１５３・８ｍもあり、「県庁舎」としては日本一を誇っている。32階には無料展望ホールがあり、県内を一望することができる。

ちなみに「都道府県」別に庁舎の高さを比べると、１位は東京都庁舎の２４３・４ｍ。また本庁舎ではないが、大阪府の咲洲《さきしま》庁舎は２５６ｍもある。

群馬では高崎市庁舎も１０２・５ｍあり、県内の建物としては県庁舎に次いで２番目の高さを誇る。ただ、県民の間からは「群馬で高い建物と言えば役所だけ。予算の無駄遣いだったんじゃないか」という冷ややかな声もある。

「♨」マーク発祥の地

茨城、群馬の観光スポットはまだある。以下、両県民に聞いた人気スポットを簡単に紹介しておこう。

【茨城】

●竜神大吊橋バンジージャンプ（常陸太田市）…高さ100mと、日本一の高さを誇るバンジージャンプ場。吊橋には透明な床板もあり、ジャンプしなくとも高さを実感できる。

●アクアワールド茨城県大洗水族館（大洗町）…49種類ものサメを展示し（'16年3月時点）、マンボウの水槽は日本一の広さを誇るという水族館。

●こもれび森のイバライド（稲敷市）…旧名称は「江戸崎農業公園ポティロンの森」。100万本ものコスモス畑やバラ園がある農業公園で、ヤギやミニブタなどの動物に触れ合える。

●鹿島神宮（鹿嶋市）…全国にある鹿島神社の総本社で、武甕槌神《たけみかづちのかみ》を祭神とする。境内にある「要石《かなめいし》」は、地震を起こす大ナマズを押さえつける守り神として信仰された。

【群馬】

●磯部温泉（安中市）…妙義山を望む碓井川沿いの温泉地。泉質は美肌効果が高いアルカリ性で、〝美人の湯〟として知られるほか、「♨」マーク発祥の地という説もある。

●こんにゃくパーク（甘楽町）…工場見学でこんにゃくの歴史や雑学、製造工程が学べるほ

新観光スポット対決

茨城代表「竜神大吊橋バンジージャンプ」

群馬代表「こんにゃくパーク」

どちらも2014年から営業を開始した新スポット。バンジージャンプは1回1万5000円（2回目は割引）。「こんにゃくパーク」のこんにゃくバイキングはなんと無料で楽しめるか、15種類ほどのこんにゃく料理をバイキング形式で食べることができる。

●群馬サファリパーク（富岡市）…約100種もの野生動物を間近に見ることができる。バスの中から草食動物やライオンに向かってエサを与える「エサやり体験バス」が人気。

●神流《かんな》町恐竜センター（神流町）…日本で最初に恐竜の足跡が発見されたことをきっかけに作られた博物館。恐竜やアンモナイトなど、様々な化石が展示されている。

激論その2

第3章　JOY vs. 鈴木奈々

「茨城の女子はキティちゃんのサンダルを履いてるイメージ」（ＪＯＹ）
「〝キティサン〟なら私も地元で履いてる（笑）」（鈴木）

ＪＯＹ（じょい）
１９８５年、群馬県高崎市出身。モデル・タレント。父親がイギリス人、母親が群馬県出身の日本人というハーフ。２００３年にモデルデビューし、その後、バラエティ番組などでも活躍。２０１１年より群馬テレビで初の冠番組「ＪＯＹｎｔ！」に出演中。

鈴木奈々（すずき・なな）
１９８８年、茨城県龍ケ崎市出身。モデル・タレント。２００７年に『Ｐｏｐｔｅｅｎ』誌上でモデルデビュー。その後、天然キャラを武器にバラエティ番組に数多く出演。'14年に結婚後も茨城に住み、東京で仕事をする際には常磐線で電車通勤している。

本当はシャイな茨城ヤンキー

JOY　俺、茨城ってあんまり行ったことないんだよね。だから知ってるものって言うと、水戸黄門とか納豆とか、ゆるキャラの〝ハッスル黄門〟とか、ご当地ヒーローの〝時空戦士イバライガー〟くらいかな。あと、サッカーが好きなので、水戸ホーリーホックとか鹿島アントラーズの試合はよく見るけど。

鈴木　けっこう知ってるじゃない。私なんか、群馬と言われても何も思いつかない。この前、テレビのロケで工場みたいなところに行ったけど。

JOY　富岡製糸場でしょ。あれは世界遺産ですよ。

鈴木　そうそう、製糸場。昔の時代に戻れる気がするから、ああいう古い建物は好きですね。うちの旦那も見たいと言ってたから、今度プライベートでも行こうと思ってる。でも、群馬で知ってるのはそれくらいかな。

JOY　もっと群馬にはいろいろあるでしょ。草津とか伊香保とか。行ったことないの？

鈴木　あ、草津ならめっちゃ行ってた！　家族が温泉好きだから。でも、あそこって群馬だったんだ。知らなかった。

ＪＯＹ　それ、よく言われる。みんな草津は知ってるのに、長野県にあるとか言われちゃう。群馬にはほかにも水上温泉とか四万温泉とか、いろんな温泉があるんですよ。最近は外国からのお客さんも多いし。

鈴木　いいな、温泉がいっぱいあって。でも、茨城には海があるから。

ＪＯＹ　茨城の人って、ふた言めには「海がある」って言うよね（笑）。でも地元の海なんて、行く時間ないでしょ。

鈴木　行きますよ！　この前の夏も大洗海岸とか、何回か行った。でも、海でヤンキーに「奈々ちゃんだよね」って絡まれてちょっと大変だった（笑）。家族で行ったんだけど、ウチのお父さんにも「奈々ちゃんのお父さんですか。ありがとう！」とか、わけのわかんないこと言って絡み始めて。

ＪＯＹ　やっぱり茨城ってヤンキー多いんだね。

鈴木　茨城はヤンキー文化ですからね。うちのお兄ちゃんもヤンキーっぽい感じだったし、私もヤンキーと付き合ったことがある。

ＪＯＹ　茨城のヤンキーって強そうだよね。『チャンプロード』（２０１６年に休刊した暴走族に人気の雑誌）から抜け出てきたような人が多くて、肝が据わっている感じがする。昔はよ

茨城県外からも海水浴客が大挙する「大洗サンビーチ」

く茨城のヤンキーが高崎の駅前を流してたけど、怖かったな。

鈴木　ヤンキーって言っても、悪いことするわけじゃないんですよ。髪型をツーブロックにしてるとか、眉毛が細いとか、見た目がちょっと怖いだけで。

JOY　髪型と言えば、ボクシングの辰吉丈一郎さんみたいに、前髪が短くて襟足を長く伸ばしてるヤンキーってよくいたよね。

鈴木　いたいた！　私、中学のときにそういう人に告白されたことある。漫画に出てくるようなヤンキーで、眉毛なんか見えないくらい細くて（笑）。さすがにムリって思った。でも、群馬にだって暴走族とかヤンキーとかいるでしょ。

JOY　ヤンキーもいるけど、むしろ群馬はチーマーとかカラーギャングが多かった。単車で暴走するんじゃなくて、みんなで練り歩いてくる感じ（笑）。カラーギャングは自分と同じ色の物を持ってる人を見るとブッ飛ばしにくるから、たとえば〝赤ギャン〟が来たら、赤い物を隠さないといけない。

鈴木　そっちのほうが怖いでしょ。それに茨城のヤンキーって、実はシャイで気が小っちゃい人も多いんです。見た目はオラオラしてるのに、女の子とキスしたことがないとか。そのギャップがたまらない（笑）。

ＪＯＹ　意外にマジメなんだね。

鈴木　あと、茨城のヤンキーはすごく絆が強い。大人になっても友達の誕生日は欠かさずお祝いするんです。だから月に一度は誰かの誕生会がある。

ＪＯＹ　それはすごい。群馬の人も仲間は大事にするけど、毎月、誕生会はやらないかな。

鈴木　茨城のヤンキーは地元にずっと住んでる人が多いけど、それは仲間と離れたくないからなんです。

シャコタンにブラックライトが定番

ＪＯＹ　茨城の人って、車の改造が好きだよね。俺は時々、伊勢崎市のクラブに遊びに行くんだけど、シャコタンでブラックライトを光らせてる車があると「ああ、茨城が来た」ってすぐわかる（笑）。奈々ちゃんも車をいじってたの？

鈴木　私はやってないけど、改造してる人は多いかな。セルシオとかシーマの車高を落として、ホイールを取り換えるとか。でも、そのくらい群馬でもやってるでしょ。

JOY　車高を落とすまではやらないな。「いかつさ」は出したいから、フルスモークにしたセドリックとか、セルシオみたいなVIP車に乗りたがるけど。

鈴木　茨城だと、車高が低いから車のお腹を擦ることがよくある（笑）。

JOY　それから、茨城の子は服装もヤンキーっぽいよね。男は「ガルフィー」っていうワンちゃんのプリントが入ったジャージを着て、女子はドンキとかで売ってるような、黒地に金のキティちゃんが書いてあるサンダルを履く。

鈴木　あ、〝キティサン〟なら私も地元で履いてる（笑）。ジャージも着ますね。楽だから〝ジモギ〟（地元で着る服）として。

JOY　群馬も東京の流行が入ってくるのは少し遅いけど、それほど差は感じない。でも茨城は、何年も遅れて入ってくる感じがあるよね。一昨年、ロケで茨城に行ったんだけど、黒地にラメのTシャツを着て、短いスカートにロングブーツを履いた〝アムラー〟みたいな子がいまだにいてびっくりした。20年くらい前の『egg』（'14年に休刊したギャル雑誌）みたいで、懐かしかったな。「そんな服着て東京行っちゃダメよ」って注意したくなる（笑）。

鈴木　確かにそういう子、まだいるかも。

JOY　茨城の子は髪の染め方もヘタだよね。やりすぎて黄色くなっちゃった金髪とか、マメに染めないから黒い毛が伸びてきてプリンみたいになっちゃった金髪とか。染めるのはいいけど、メンテナンスをちゃんとしてない。車の改造でいっぱいいっぱいになって、自分の改造ができてないのかな（笑）。

鈴木　それは言い過ぎでしょ！

JOY　茨城の人に怒られるわ（笑）。でも、茨城と言えばヤンキーだから仕方ない。

鈴木　最近は茨城もおとなしい子が増えて、はじけてる子が少なくなったんですよ。昔だったら金髪の子が多くて、むしろ黒髪が珍しいくらいだったのに、今は金髪を見ると「おおっ」ってなる。茨城も変化してるんでしょうけど、ヤンキーが減っているのは寂しいな。

どちらも結婚は早い

JOY　女の子の話を続けると、茨城の水戸市って「三大不美人都市」のひとつって言われるでしょ。実際はどうなの？

鈴木　よく言われるけど、それは昔の話です。今はみんなかわいい。茨城の女の子って、目鼻立ちがはっきりした美人が多いんです。芸能人で言うと、白石美帆さんとか。私の周りにもかわいい子いっぱいいますよ。

ＪＯＹ　そうなんだ。群馬はね、「上州女に美人なし」と言われているんだけど、俺もその通りだと思う。

鈴木　えー、そんなことないでしょ。

ＪＯＹ　正確に言うと、かわいかった子がそうじゃなくなる。地方だと、やることがないから20代の前半くらいで結婚して、すぐ子どもを作るでしょう。結婚前はクラブに行ったり、おしゃれして買い物に行ったりするけど、結婚するとそういう機会がなくなる。出かけると言ってもスーパーに買い物に行くくらいだから、メイクもしなくなって、おしゃれに気を遣わなくなる。同窓会なんか行くと、昔、好きだった女の子がすごく変わっちゃってびっくりするよ。「本当にキミかい？」なんて（笑）。ポテンシャルは高いんだけど、手を抜くから、かわいくなくなる。年に一度くらい、気合を入れておしゃれをする日を作ればいいと思う。

鈴木　うちらも結婚するのはみんな20代前半だけど、全然、老けないですよ。茨城の女の子は、みんな女子磨きを頑張っている。うちのお兄ちゃんのお嫁さんは、10代で結婚して2人子どもがいるけど、すごくきれいにしている。

JOY　頑張ってるんだ。群馬だと、「空っ風」のせいで肌が荒れてブスになるとも言われるけど、それはただの言い訳だと思うな。風でつけまつげが飛んじゃう、というのはあるかもしれないけど（笑）。

鈴木　空っ風ってそんなに強いの？

JOY　すごいよ。河川敷でサッカーをやることがあるんだけど、風の強い日になると、信じられないシュートが入る。ただロングパスを上げただけなのに、風に乗ってゴールに入っちゃうとか。

鈴木　漫画みたい。

JOY　まさに『キャプテン翼』の世界（笑）。

群馬の名物として空っ風のほかに「かかあ天下」がよく言われるけど、これも事実です。群馬の男はたいてい奥さんの尻に敷かれている。俺の親父はイギリス人だけど、やっぱりオカンのほうが強い。「かかあ天下」のシステムは外国人にも適用されるみたい（笑）。でも、それがストレスというわけじゃなくて、男のほうも、女子の言いなりになるのはそんなにイヤじゃない。

鈴木　茨城の女性は、強いというより自立していて、どんどん外に出て仕事をする人が多いかな。私の友達にも、自分でファッションブランドを立ち上げて社長になった子がいますよ。六本木のタワーマンションに住んでる。茨城だと、男性より女性のほうが東京に出る人が多いかもしれない。

ＪＯＹ　どっちの県も、女性のほうがしっかりしてるかもね。

定期券で通う芸能人

ＪＯＹ　奈々ちゃんは、今も地元に住んでるんだよね。

鈴木　うん。今日も電車に乗って東京まで来た。

ＪＯＹ　どのくらい時間かかるの？

鈴木　私が住んでるのは茨城の南部だから、片道1時間半くらいかな。群馬だと遠すぎて、地元から東京に通うのは無理でしょ。

ＪＯＹ　いやいや、群馬なら1時間半もかからないよ。俺の実家は高崎だけど、新幹線を使えば50分で東京に着く。

鈴木　でも新幹線は高いから、毎日乗ったらお金がかかるでしょ。私が使ってる常磐線は安い。といっても往復で2000円くらいかかるから、定期券を使ってるんです。
JOY　へえ、定期で通ってるんだ。でも、電車に乗ってたら「奈々ちゃんだ」って他のお客さんにバレるんじゃない？
鈴木　ノーメイクで、マスクしていればバレない。
JOY　スッピンだと顔が違うんだ（笑）。でも、仕事がたくさん入ってると、茨城に帰れない日もあるでしょう。
鈴木　どうしても難しいときは、東京のホテルに泊まりますね。
JOY　東京にも部屋を借りようとは思わないの。
鈴木　それ、ちょっと考えたことある。この前、番組の企画で都内の家を探したんですよ。でも東京だと、ちょっと良い場所だったり、広かったりすると、軽く1億円を超えるから、とてもムリ。
JOY　東京は土地が高いもんね。群馬で東京と同じだけお金を出したら、城に住める（笑）。
鈴木　茨城も土地が安いから、広い家は多いですよ。ただ、つくばエクスプレスができてからは、沿線のつくば市とか守谷市の不動産価格がずいぶん上がってきた。あの辺りのほうが東京に出やすいから、引っ越そうかと思って少し前に調べたんですけど、だいぶ高くなってたから諦めた。

ＪＯＹ　いろいろ調べてるんだ。やっぱり、いま住んでる所は東京から遠いんでしょ（笑）。でも、地元に住んでいるのはうらやましいな。俺は今、群馬テレビで「ＪＯＹｎｔ！」という番組をやっていて、月に2〜3回は地元に帰ってるし、東京で高い家賃を払うのも、もったいない。だから群馬に住もうかなって、けっこうリアルに悩んでる。何と言うか、ずっと東京に住んでいると〝スイッチ〟が切れないんだよね。

鈴木　その感覚、わかる！　地元に帰ると、心がリセットされるんだよね。私の場合だと、常磐線に乗っているときに〝スイッチ〟がオンになったりオフになったりする。

ＪＯＹ　切り替わるのはどのあたり。

鈴木　うーん、取手駅かな。あの辺からだんだん田んぼが広がって田舎の景色になっていくんですよ。東京からの帰りにそれを見ると力が抜けて、別の一日が始まる。逆に東京に行くときは、取手駅で気合を入れる。

ＪＯＹ　気持ちの切り替えができて、いいなあ。

高崎だるまにハイテンション

鈴木　私は、ＪＯＹ君みたいに地元で番組を持てることがすごくうらやましい。茨城って地元のテレビ局がないから。
ＪＯＹ　そうなの？　珍しいね。
鈴木　タレントとしては地元局があったほうがお仕事の幅も広がるよね。いつか作ってくれないかな。
ＪＯＹ　地元でロケすると、テンション上がるよね。この前、ロケで高崎のだるま屋さんに行ったんだけど、すごい楽しかった。群馬県民はだるまが好きで、一家にひとつはある。
鈴木　えー、ウソでしょ。普通、家にだるまなんてないよ。
ＪＯＹ　あるでしょ。俺、東京に出てからも毎年、地元に帰ったら買うもん。最近はカラーバリエーションもたくさんあって、今年は金に黒でペイントされただるまを買った。買ったら願い事をしながら片方に「目入れ」をして、叶ったらもうひとつに目を入れる。筆でやるとカッコいいんだけどムズいんだよね。今年、何を願ったのかは忘れちゃったけど（笑）。
鈴木　マジでやってるんだ（笑）。願いが叶っただるまはどうするの？

「高崎だるま」は群馬県民にとって一家にひとつの常備品

ＪＯＹ　達磨寺というのが高崎にあるから、そこで「お焚き上げ」をしてもらう。あそこにはいろんな人のだるまが何百個も積んであったり、歴史のあるだるまが飾ってあったりして、超楽しい。

鈴木　その楽しさはちょっとわかんない（笑）。でも、地元のロケがあると嬉しいよね。私の場合は、行き帰りが楽だっていうのもあるけど。少し前に茨城の納豆工場に行ったときは、めっちゃテンション上がった。

ＪＯＹ　やっぱり茨城の人は納豆が好きなんだ。

鈴木　大好き！　朝は毎日食べるし、冷蔵庫に納豆がないなんて考えられない。

ＪＯＹ　好きな納豆ブランドとかあるの？

鈴木　どれも好きだけど、「おかめ納豆」が一番かな。粒の食感が好き。
ＪＯＹ　食の名物って言うと、群馬は小麦粉を使う「粉もの」が多いかな。特に地元の高崎だと、パスタが有名。毎年、「キングオブパスタ」っていうイベントをやっていて、美味しいお店がすごく多い。群馬のパスタは味もしっかりしてるし、ボリュームもすごい。
鈴木　そうなんだ。茨城の最近のグルメっていうと、「ご当地メシ決定戦！　２０１４」というイベントでグランプリになった「龍ケ崎コロッケ」が有名ですね。私個人としては、つくば市においしいパン屋さんが増えてきたので嬉しい。あとはやっぱり海鮮料理。大洗海岸には魚市場があって、生しらす丼なんてめっちゃ美味しい。大洗には「めんたいパーク」っていう明太子のテーマパークもあるんです。群馬で美味しい海鮮は食べられないでしょう。
ＪＯＹ　魚は負けるな……。群馬にもお寿司屋さんはたくさんあるけど、あまり行かない。
鈴木　じゃあ肉を食べる？
ＪＯＹ　それがね、群馬って、肉もあんまり食べない。俺、最近、週3回くらい焼き肉食べに行くんだけど、もしかすると地元にいたころの反動なのかもしれない（笑）。やっぱり群馬の料理っていうと、ネギとかこんにゃくとか、粉もんとかになるのかな。

訛りに胸キュン

JOY　前にロケで茨城の田舎に行ったことがあるんだけど、訛りがすごいよね。お年寄りなんて、何言ってるのか全然、わからなかった。でも奈々ちゃんは訛ってないね。

鈴木　私が育った南部のほうは訛らないんですよ。でも、水戸に住んでるいとこは、めっちゃ訛ってますね。語尾がちょっと上がるようなイントネーションになるんだけど、私、男の子が茨城弁をしゃべってるのを見ると、キュンとしちゃう。

JOY　訛りがカッコいいの？

鈴木　うん、特にヤンキーが訛ってると、ダブルでカッコいい。キュンキュンが止まらなくなってヤバい（笑）。あと電車に乗っていて、車内アナウンスが訛っているときもキュンとする。訛ってる人に惚れやすいのかも。

JOY　訛りじゃないけど、方言みたいなのはあるの？

鈴木　「ごじゃっぺ」というのはよく使いますね。〝バカ〟とか〝いい加減〟みたいな意味で、「ごじゃっぺ言っててんじゃねえ」なんて言い方をする。それと、大丈夫というのを「大事ない」って言う。

JOY　群馬だと、「だんべえ言葉」っていうのがある。「行くべえ」とか「どうすんべえ」とか、そういう使い方をする。でも、群馬に訛りはないな。
鈴木　訛りはいいですよ。茨城だと、カッコいいからわざと訛る人もいる。私もできれば訛りたいもん。行き過ぎると意味がわかんないから怖いけど（笑）。
JOY　訛りがないことが茨城人としての悩みなんだ。俺が群馬県人として肩身が狭くなるのは、「上毛かるた」の話題になるとき。
鈴木　なんですか、それ。
JOY　県の名物をかるたにしたもので、群馬だと子どものころにみんな覚えるっていうんだけど、俺はまったく記憶がない。テレビ番組で群馬人が揃うと絶対、話題になるんだけど、俺だけついていけないから、いつもヒデさん（中山秀征）に怒られる（笑）。
鈴木　地元の名物なのに知らないことがあると、けっこう辛いよね。

BOØWY vs.ねば～る君

JOY　「上毛かるた」を知らなくて申し訳ないけど（笑）、俺自身はもっと群馬出身というイメージを強めていきたいと思ってる。栃木と言えば漫才コンビのU字工事さんが思い浮かぶように、できれば群馬＝ＪＯＹと思ってもらえるようになりたい。今、群馬出身と言うと、ヒデさんとか井森美幸さんといった大先輩がいるけど、自分もああなりたいと本気で思ってる。こういう顔で群馬出身って言うと面白いでしょ（笑）。

鈴木　ヒデさんとか井森さんは有名だけど、群馬出身の芸能人って少なくない？　みんな群馬出身って言いたがらないからかな。

ＪＯＹ　いやいや、群馬出身の有名人はいっぱいいるよ。その中でも「偉人」と言うと、やっぱりＢＯØＷＹかな。

鈴木　ボーイ？　キャバクラの？

ＪＯＹ　違う違う（笑）、氷室京介さんとか布袋寅泰さんのいた。

鈴木　ああ、バンドのＢＯØＷＹね。群馬なんだ。

ＪＯＹ　氷室さんが’16年5月に東京ドームでやったラストライブ、俺も見に行ったけど、めちゃくちゃカッコよかった。最終日なんて東京ドームにかなりの群馬人が集まったんじゃないかな。あと、’16年7月に「高崎ミュージックフェスティバル」というイベントで、俺が司会をやらせてもらったんだけど、そのときのゲストが布袋さんだった。あの日は2万５００0人くらい集まって、高崎の歴史上、一番盛り上がったんじゃないかな。布袋さんに挨拶させていただいたんだけど、うれしかったなあ。「ああ、本当に存在するんだ」って思った。
鈴木　なんか、神様みたい（笑）。
JOY　群馬県民にとって、BOØWYは本当に神ですよ。茨城には、そういう偉人という
か英雄みたいな人はいる？
鈴木　えー、誰だろう。水戸黄門？
JOY　古すぎる（笑）。
鈴木　うーん、牛久の大仏さま？　あそこは大みそかにカウントダウンをやるんだけど、面
白いんですよ。「6、5、4、3、2、1」じゃなくて「ナ、ム、ア、ミ、ダ、ブツ」って
数えるの（笑）。
JOY　大仏さまは立派だけど、偉人じゃないでしょ（笑）。
鈴木　じゃあ、ねば～る君かな（笑）。英雄的な人は思い浮かばないけど、茨城出身の芸能
人は意外にたくさんいるんですよ。俳優の渡辺徹さん（古河市出身）や「ピース」の綾部祐
二さん（古河市出身）、「森三中」の黒沢かずこさん（ひたちなか市出身）、渡辺直美さんとか。
最近、県出身の芸能人で「茨城会」を作ろうかという話も出てるんです。渡辺徹さんにリー
ダーになってもらって、茨城を盛り上げようって。

ＪＯＹ　それ、いいね。俺もいつか「群馬会」をやってみたい。

群馬のポジションは〝出川哲朗〟

ＪＯＹ　〝秘境〟とか〝グンマー〟とか言われるけど、俺は群馬って〝いじられキャラ〟になってるんじゃないかと思う。タレントさんでたとえると、出川哲朗さんみたいなポジション。出川さんって、真面目なこと言ってもヘンな空気になるじゃない（笑）。同じように、群馬に良いところがあっても、「どうせ群馬だろ」って、とりあえずイジられる。それもひとつの武器だよね、魅力がないと言われるけど、けっこう愛されていると思う。

鈴木　群馬は出川さんなんだ（笑）。茨城の場合だと、魅力ないって言われるのは、シャイな人が多いからだと思う。全国の人がまだ知らない良い所がたくさんあるのに、グイグイ押していかない。魅力を伝えきれてないんじゃないかな。

ＪＯＹ　シャイなのは群馬も同じだね。地元でロケをやっていると、みんな集まっては来るんだけど、騒いだりはしないで、遠まきにじっと見守る。むやみにテンションを上げるのが恥ずかしいっていう気持ちがある。

鈴木　あと、茨城は農作物も豊富だし、海も山もある。だから自分たちの暮らしに満足しちやって、わざわざよその人に言わない。

JOY　そこも群馬と一緒だね。群馬の人も、自分たちの生活に自信を持っていて、余裕があるから、地元の自慢をしたりはしない。

鈴木　どうしたらもっとみんなに知ってもらえるのかな。

JOY　群馬だと、県として何を推していくのか、はっきりしないところがあるね。最近だと、すき焼きを推してるけど、そのほかにパスタもあるし、こんにゃくもある。温泉も有名だけど、それが群馬にあると知られてない。「これが群馬だ」っていうのをひとつ決めればいいのかもしれない。

鈴木　JOY君だったら、何を推す？

JOY　なんだろう……あ、決められない。恥ずかしいな、俺（笑）。でも、群馬だとこうなっちゃうんだよね。

鈴木　地元局で番組を持ってるんだし、JOY君が頑張ればいいんだよ。

JOY　そうだね。俺がもっと売れて、群馬のことを知ってもらおう。

鈴木　私も、茨城をもっと全国に知ってもらうという使命感を持ってお仕事してます。茨城県庁からも、もっとお仕事をいただきたいですね（笑）。

第４章　県民性比較——両県に残るナゾの風習

自慢しない県民性

ここまで見てきたように、茨城、群馬両県は住まいも広く、食材も豊富。いくぶん派手さには欠けるものの、観光名所も少なくない。

そして、統計データによれば、両県には多くの観光客が訪れているのである。

観光客の延べ人数を表す「観光入込客数」を見ると（2013年度）、茨城県は約3224万人で全国15位、群馬県は2889万人で全国17位。「意外」と言っては失礼だが、両県ともに比較的、上位にランクインしていた。

これほど多くの観光客が訪れるにもかかわらず、なぜ「魅力」がないとされるのか。茨城県広報監の取出氏はこう分析する。

「首都圏から近い、ということが大きいと思います。めったに行けないような遠い場所であれば、憧れもあって魅力的に映るのでしょうが、茨城は東京から1〜2時間もあれば着いてしまう。実際、観光客もほとんどは日帰り客です。飲食店にたとえるなら、茨城は『いつか行ってみたい高級レストラン』ではなく、『普段づかいの定食屋』なんです」

さらに取出氏は、魅力度が低い背景には、茨城の〝県民性〟があると指摘する。

「もちろん、多くの県民は地元に愛着を持っています。けれど、茨城の人は他県の人に地元の自慢をしないんです。アピールが下手なために、茨城の魅力が全国に伝わらないのです」

実際、こんなエピソードがある。あるテレビ局が、地域の名物を取材するために茨城県を訪れたときのこと。取材スタッフが農家の男性におすすめの品を尋ねたところ、「なんもねーよ」と首を振るばかり。しかし、その男性の足元には、まさに茨城の名産品であるメロン畑が広がっているのだった……。

なんとものんびりした話だが、慎み深い県民性は群馬にも共通している。

「群馬の人は、外から来た人に『何が美味しいですか』とか『いいところはありますか』と聞かれても、すぐに『いやあ、群馬には何もなくて』と答えてしまうんです。本当は『海以外』なら何でもひと通り揃っているんですが、謙虚な性格ゆえか、外に向かって自慢しないんです」（ぐんまイメージアップ推進室）

茨城と同じく、群馬県民も「何もない」が口癖だというのである。

だが、群馬には「上毛かるた」がある。これは群馬の偉人や名産品をかるたにしたもので、「伊香保温泉　日本の名湯」「ネギとこんにゃく　下仁田名産」「誇る文豪　田山花袋」などの読み札がある。そして群馬の小学生は毎年、正月に行われる「上毛かるた大会」に向け、なかば強制的にその内容を覚えさせられるのだ。

それほど幼いころから〝地元愛〟を徹底的に教育されているにもかかわらず、なぜ群馬県民は「何もない」と答えてしまうのか。県出身の会社員が苦笑する。

「私は東京に出てきて30年以上経ちますが、今でも『あ』と言われれば、『浅間のいたずら鬼の押し出し』なんて反射的に答えてしまいます（笑）。でも、暗記はしているけれど、札に書かれた人物が何をした人なのかは、大人になった今でもよく知らないんです。かるた大会では、早く取ることに集中していて、中身を理解しようとは思ってませんでしたから」

群馬県では上毛かるたへの理解を深めようと、読み札の内容を詳しく解説した冊子を配るなど工夫をしているが、故郷を学ぶための教材が、ただの〝カードゲーム〟になっているとすれば、もったいない話だ。

また、上毛かるたにはこんな〝デメリット〟があるという。

「群馬の子どもたちは上毛かるたを覚えることを優先しますから、そのぶん『百人一首』に触れる機会が少なくなるんです。日本人にとっての基礎的な教養のひとつである百人一首をよく知らないまま大人になってしまうというのは、ひとつの弊害と言えるかもしれません。もっとも他県の人だって、それほど百人一首に親しんでいるわけではないでしょうが……」

群馬では知らないと恥をかくという「上毛かるた」

（前出の会社員）

百人一首より上毛かるたを優先する群馬。近年、ネットでは〝グンマー帝国〟なる言葉もあるが、たしかに群馬は日本から独立しているのかもしれない。

茨城の「3ぽい」とは

「人に自慢せず、謙虚」という点で一致する茨城、群馬両県民。しかし、だからと言って決しておとなしいわけではない。

茨城県民の気質を表す言葉として「怒りっぽい、忘れっぽい、飽きっぽい」の「3ぽい」が挙げられる。これは、「水戸っぽ」と呼ばれた水戸藩士の気質とされた「怒りっぽい、骨っぽい、理屈っぽい」が変化したものと言われる。

歴史を振り返れば、水戸藩士は大老・井伊直弼《いいなおすけ》を暗殺した「桜田門外の変」を起こし、幕末には「天狗党」と呼ばれた改革派と、保守派の「諸生党」が激しい藩内抗争を繰り広げた。時代が明治に入ると、茨城県は中央政府にたてつく「難治の県」と呼ばれ、県令心得（県知事代行）として肥前国（佐賀県）出身の渡辺清が赴任した際には、「よそ者が水戸城に入るのは許せん」と激昂した水戸藩士が城に火を放ったこともある。こうした史実を見れば、「怒りっぽい」「骨っぽい」と言われるのもうなずける。

また、水戸藩は尊王攘夷思想に大きな影響を与えた「水戸学」発祥の地であり、多くの藩士が藩校の「弘道館」で多彩な学問を学んでいたことから、「理屈っぽい」性格になったと考えられる。

こうした水戸藩士の気質は、今の茨城県人にも通じているのだろうか。

ライバルである群馬県民に、茨城県民の印象を聞くと、「茨城の人って、いつもぶっきらぼうで、怒っているように見えます」（群馬の会社員）、「茨城出身の同級生に『いばらぎってさあ』と話しかけたら、すごい勢いで『いばらき！』と訂正されたので、怖いなと思いました」（群馬出身の大学生）というように、やはり荒っぽい印象を抱かれているようだ。この点について、茨城県民はこう弁解する。

茨城県民の理屈っぽさは「弘道館」にルーツあり

「茨城弁は早口で、語尾が上がるようなイントネーションのために怒っているように聞こえるのかもしれません。それに、茨城人は敬語というものをほとんど使わず、『〜だっぺ』とか『〜すっぺ』という話し方をする。これも、他県の人には怖く感じられるのでしょう」（水戸市の会社員）

しかし、怖いのは口調だけではない。茨城県民は〝見た目〟も怖そうな人が少なくない。

ウェブサイト「Jタウンネット」が'14年に行った「ヤンキーが多そうな県は？」というアンケートでは、茨城と答えた人の割合は25・3％と、2位の千葉（10・3％）を大きく引き離して1位だった。多くの人々が「茨城県民＝やんちゃ」というイメージを抱いていることは間違いないだろう。しかし、「それは偏見だ」と茨城県民は反論するのだ。

「確かに、いまだにそり込みを入れた中学生が普通にいますし、海岸沿いの道路には、異様に車高の低いクルマや、大きな背もたれのついたバイクが走り回っています。でも、実際に接してみると、茨城のヤンキーたちはピュアで、面倒見のいい子が多いんですよ。それに彼らは都会には出て行かず、地元で結婚し、子どもを育てる。茨城は彼らが支えているんです」（大洗町の主婦）

見た目こそ少々怖いものの、地元を愛し、仲間を大切にする茨城ヤンキー。かつての水戸藩士のDNAは、彼らにこそ受け継がれているのかもしれない。

ちなみに、茨城の「3ぽい」のうち、残る「忘れっぽい、飽きっぽい」について、県民はこう見ている。

「ひとことで言えば、茨城県民は『雑』な性格の人が多く、面倒なことがあるとすぐに『まだらっこしい』と投げ出してしまう。だから、忘れっぽいとか飽きっぽいと言われるのかもしれません」（県内の会社員）

もっとも、近年は県南部を中心に首都圏から移住してきた住民も増えており、「3ぽい」

の気質は失われつつあると言われる。

群馬の〝かかあ天下〟は健在

茨城県民の性格が「3ぽい」と表現されるのに対し、群馬の県民性を象徴する言葉としてよく知られるのが「かかあ天下」だろう。

実際、県民の声を聞いてみると、「群馬の女性は勝ち気な人が多いと思います」(高崎市の飲食店員)、「リーダーシップの強い女性が多い」(前橋市の会社員)というように、今も群馬に〝強い女性〟が多いことは確かなようだ。

一方、妻が家計を支えてくれるため、群馬の男性の中には仕事をせず、賭け事に熱中する者も少なくなかった。また、多くの主要街道が通っていたことから、群馬の賭場には全国から多くの「博徒」が集まってきた。群馬県民の気風として「気性が荒い」とか「一匹狼が多い」と言われることがあるが、こうした特徴は博徒が多かったことも関係している。

そんな博徒たちの中で、全国的に最も有名なのは「赤城の山も今宵限り」の名ゼリフでおなじみの国定忠治だろう。

文化7年(1810年)ごろ、佐位郡国定村(現在の伊勢崎市国定町)に生まれた忠治は、

17歳で初めて人を殺《あや》め、勢多郡大前田村（現・前橋市）の親分・大前田英五郎のもとに身を寄せる。やがて頭角を現した忠治は、21歳で親分として縄張りを任されるが、その後も勢力争いによる殺人を繰り返し、嘉永3年（1850年）に捕縛され、大戸関所で磔《はりつけ》の刑に処された。

それだけ聞くと、ただの〝ならず者〟としか思えないが、忠治には篤志家としての一面もあった。天保4年（1833年）から7年まで続いた「天保の大飢饉」の折、忠治は自らの縄張りだった赤城山麓の村々に資金を援助し、ひとりの餓死者も出さなかったという。群馬県民は「義理人情に厚い」とも言われるが、忠治に代表される博徒の気質が影響しているのかもしれない。

江戸時代に多くの博徒が集まった群馬は、近代に入ってもギャンブラーの街だった。桐生競艇場、伊勢崎オートレース場、前橋競輪場、高崎競馬場という〝四大公営ギャンブル場〟がすべて揃っていたほか、「SANKYO」「平和」「ソフィア」など、県にゆかりのあるパチンコメーカーも数多い。

しかし、高崎競馬場は'04年に60億円もの負債を抱えて廃止された。また近年は全国的にパチンコ産業が衰退しているが、群馬も例外ではない。県内のパチンコ店舗数を見ると、'07年の280店舗に対し、'13年は238店と、6年間で15％も減少した。県民に聞いても、「群馬の景気は一向に上向かず、給料はほとんど上がらない。賭け事にお金を回す余裕なんてありませんよ」（前橋市の会社員）とボヤく声が多い。もはや〝博徒の気風〟は消えつつあるようだ。

簡素な新生活、ド派手な七五三

両県には、県民性を象徴するような独自の風習が今も残っている。

群馬の場合、第1章でガッテン森枝氏が指摘していたように、葬儀では通常の受付のほかに「新生活」なる受付が用意されている。

この新生活とは、香典の金額を1000〜3000円程度に抑える代わりに、返礼品をなくす、もしくは簡素なものにするという風習だ。戦後、国民が貧しかった昭和20〜30年代にかけて全国で奨励された「新生活運動」が原型で、他の地方ではとうに廃れたのだが、群馬では今でも残っている。専用の香典袋には〝新生活運動の趣旨に沿ってお返しを辞退致します〟との文言が印刷されており、「それほど親しくない人の葬儀のときは、新生活を選ぶ」（県内の会社員）のだとか。

葬儀以外でも新生活運動は推奨されており、高崎市の公式サイトでは「病気見舞いの場合お見舞いは1000円にしましょう」「出産祝い、節句、新築祝いなどは1000円にしましょう」などと、細かく金額まで指定されている。

なんだかケチくさい——などと言ってはいけない。儀礼的な出費をなるべく抑えようという、群馬県民の合理性をうかがわせる風習なのだ。

一方の茨城は、南部を中心に豪華な「七五三」が行われることで知られる。

一般に七五三と言えば、神社にお参りする程度のものだが、茨城の場合はひと味違う。まるで結婚披露宴のようにホテルの宴会場で行われ、親戚はもちろん、近隣住民までご祝儀を持ってはせ参じるのだ。

式では豪華な料理や酒が振る舞われ、出し物などが披露されるほか、女児の場合は「お色直し」まで行う。費用も高額で、100万円以上つぎ込むケースもある。

ちなみに「七五三」は群馬発祥という説がある。天和《てんな》元年（1681年）、5代将軍・徳川綱吉の子で、幼くして館林城城主だった徳川徳松が、かぞえで3歳のときに健康祈念のお参りをしたことが始まりだという。ただし、群馬の七五三は茨城のように豪華ではない。

茨城県は「鯉のぼり」も豪華だ。端午の節句の時期を迎えると、家紋入りの吹き流しに10

ｍ超という巨大な真鯉、さらに緋鯉に子鯉が威風堂々と風に揺られる。

鯉のぼりのイベントも盛んで、バンジージャンプの聖地でもある常陸太田市の竜神大吊橋では、１０００匹もの鯉が乱舞する「竜神峡鯉のぼりまつり」が有名だ。

豪華な七五三や鯉のぼりには、子どもを大切にする茨城県民の気質が表れていると言えるだろう。単に見栄っ張りなだけなのかもしれないが……。

派手な車、荒い運転

第２章で見たとおり、群馬、茨城は自家用自動車数が全国１、２位を争うクルマ社会。毎日使うものだけに、両県民は愛車に惜しみなくお金を遣う。
「群馬ではＢＭＷやベンツをはじめ、外車がたくさん走っています。お金持ちが多いというわけではないんですが、見栄を張っているのかもしれません」（高崎市の会社員）
実際、総務省の全国消費実態調査（'14年）を見ると、群馬県の１０００世帯（２人以上の勤労者世帯）あたりの輸入自動車の普及率は５・６％。東京、愛知、神奈川といった〝カネ持ち県〟が上位にひしめくなか、全国６位にランクインしている。
また、群馬県民は好奇心が強く、新しいものが好きという気質があるため、自動車ディーラーの間では「新車は群馬で売れ」との格言もあるという。

一方の茨城も、輸入自動車の普及率は全国12位と健闘しているが、ヤンキー文化の土地柄だけに、外車より目立つのは〝改造車〟だ。

「シャコタン（車高が低い車）は当たり前ですし、前部のバンパーを伸ばす〝デッパ〟や、マフラーを長くした〝竹ヤリ〟を付けた車もよく見かけますね」（県内の大学生）

茨城は「道路実延長（道路の長さ）」が5万1386・4㎞（'13年）と、北海道に次いで全国2位と長く、信号が少ないため、飛ばすクルマが多い。

「黄色信号で止まる車はまずありませんし、表示されている法定速度より20㎞くらいオーバーして走ることもあります。あまり大きな声では言えませんが……」（県内の会社員）

それほど運転が荒っぽいにもかかわらず、人口1000人あたりの「道路交通法違反検挙件数」（'12年）は全国46位の37・6件と低い。茨城は警察官の数が全国45位の1・63人（人口1000人あたり、'14年）と少ないため、交通違反をしても見つかりにくいのではないかと勘ぐってしまうが、交通事故発生件数も全国38位の237・3件（道路実延長1000㎞あたり、'13年）と低いことを踏まえると、飛ばすわりには安全運転なのかもしれない。

対する群馬は、人気コミック『頭文字《イニシャル》D』の舞台ということもあり、「かつては週末になると榛名山や赤城山に走り屋が集まり、ドリフトを繰り返していた」（沼田市の商店主）という。だが、群馬県警が15年ほど前に、路面に凹凸をつける〝スピードセーブ工法〟を県内の道路に導入したところ、走り屋たちは姿を消した。

ただし、群馬は一般人も運転マナーが良いとは言いがたい。

「群馬は農道が多いんですが、飛ばしすぎて、田んぼに落ちそうになることがよくあります」（渋川市の会社員）

そうした運転の荒さは数字にも表れている。群馬の人口10万人あたりの交通事故発生件数（'14年）は825・7件で全国5位。10万人あたりの交通事故死傷者数も、1048人で全国5位となっている。くれぐれも、安全運転を心がけてもらいたいものだ。

群馬の県内抗争

たとえば長野県の〝長野市vs.松本市〟、福島県の〝福島市vs.郡山市〟、埼玉県の〝浦和市vs.大宮市〟（現在は両市ともさいたま市に合併）といった具合に、同じ県内であっても、自治体どうしがライバル関係にあるケースはよく見られる。

群馬の場合、前橋市と高崎市がライバルとして覇を競っていた。

そもそも「群馬県」が成立したのは、明治4年（1871年）のこと。7月の廃藩置県により県となっていた前橋、高崎、沼田、安中、伊勢崎、小幡、七日市、岩鼻を、改めて10月にひとつの県に合併することになったのだが、当初の県庁所在地は高崎市にあり、名称も「高崎県」となる予定だった。

この案に前橋が猛反発。結局、県名は前橋と高崎両地域を含む「群馬郡」から取って「群馬県」となった。しかし、県庁所在地を高崎に奪われた前橋はそれだけでは収まらず、翌明治5年に県庁所在地の座を高崎から奪取した。

この後、明治6年（1873年）に群馬県はいったん入間県（現・埼玉県西部付近）と合併され、県庁所在地を熊谷に置く「熊谷県」となったのだが、明治9年（1876年）に熊谷県が廃止され、第二次群馬県が成立。再び高崎市に県庁所在地が置かれることになった。これに対し、前橋が誘致運動を展開、明治14年（1881年）に太政官布告により正式に県庁所在地となった。

この決定に、今度は高崎の住民が激怒。行政訴訟に持ち込んだが、明治15年に原告敗訴となり、ようやく県庁所在地は前橋に落ち着いた。

しかし、時代が変わっても両市は激しく対抗し、〝平成の大合併〟の際には前橋市が周辺の大胡町、宮城村、粕川村などを合併。一方の高崎市も倉渕村、箕郷町、群馬町、新町など周辺町村を合併した。現在は前橋市の人口が33万8916人、高崎市の人口が37万5255人（'16年12月）と、ほぼ同規模となっている。

また、第2章でも触れたとおり、'98年に高崎市が102・5mもの市庁舎を建てると、翌'99年には、県庁所在地の威光を見せつけるかのように、前橋市に高さ153・8mの県庁舎が建つという具合に、両市は激しく県内ナンバーワンの座を争ってきたのだった。

しかし、県民によれば、近年はこうした〝県内抗争〟も下火になってきたという。

「高崎と前橋がライバルだと思っているのは高齢層だけで、今の50代以下は何とも思っていないでしょう。それに、高崎は新幹線の駅もあって商都として栄えていますが、前橋は駅前のシャッター街に象徴されるように、すっかり寂れてしまった。群馬の経済界からは『いっそ埼玉県のさいたま市のように、前橋と高崎を合併すべきだ』という声もちらほら上がっています」（高崎市の商店主）

いつの日か、前橋・高崎の合併によって「ぐんま市」が誕生するのだろうか。

茨城では旧住民vs.新住民

群馬県内に都市間競争がある一方、茨城ではかつて〝地域内対立〟があった。

その舞台となったのはつくば市だ。

同市の「筑波研究学園都市」は東京への人口集中を回避するとともに、高度な学術研究機関を作る目的で'63年に計画が決定された人工都市である。しかし、研究機関が本格的に業務を開始し、東京から多くの研究者たちが同市に流入してきた'80年代初頭には、古くから同地に住む〝旧住民〟と、東京からやってきた〝新住民〟との間に軋轢《あつれき》が生じた。地元住民が振り返る。

「表立って諍《いさか》いがあったというわけではないんですが、新旧の住民が交わることが少なかったですね。新住民は標準語を話す一方で、旧住民は茨城弁を話しますから、うまく意思疎通ができないこともありましたし、生活習慣も違っていた。

一番の問題は学校教育でした。新住民の親御さんは研究者ですから、その子どもたちはよく勉強ができる。一方で旧住民は農家が多く、ほとんど勉強しない子も多かった。新住民の子と旧住民の子が交ざっているクラスでは、授業の進め方がとても難しかった」

研究者である親たちから、「その説明は正しくない」とか「英語の発音がおかしい」などのクレームがつくこともあり、地元の学校の先生たちは、相当なプレッシャーを受けて教壇に立っていたという。

ただ、筑波研究学園都市ができてからすでに30年以上が経過したこともあり、今では新旧の別なく、つくば市民として団結している。

また近年は「つくばエクスプレス」の開業により、同線沿線に首都圏からの移住者が増えているが、かつてつくば市で起こった〝新旧対立〟を避けるため、各地域では様々な工夫をしている。新住民の増加が著しい自治体のひとつ、守谷市の住民はこう語る。

「守谷市では、年に数回、前年に引っ越してきた住民を招いて、様々なイベントを開催しています。たとえば、市内の体育館に市長さんとか教育長さんを招いて、自己紹介してもらったり、地元企業の幹部に挨拶してもらったり。新しく来た住民に早く慣れてもらうよう、気を配っています」

そうした地元民の〝おもてなし〟が好感されてか、守谷市は東洋経済新報社の「住みよさランキング」（'16年）で全国11位に入っている。新旧住民が協力して、「魅力度」のほうも高めていただきたいものだ。

日本にいながら南米気分

日本で外国人の多い街と言えば、首都・東京や大阪、神奈川、兵庫あたりが思い浮かぶが、実は群馬、茨城にも国際色豊かな地域がある。

群馬で外国人が多い地域は、県東南部にある大泉町だ。同町にはパナソニックや富士重工などの工場があり、バブルに沸いた'80年代後半の人手不足を解消するため、'90年に「入管法」が改正されて以来、多くの外国人がやってきた。現在は町の総人口4万1568人のうち、7180人と、約17%を外国人住民が占めている('16年12月)。

同町にはざっと50ヵ国からやってきた外国人が暮らすが、もっとも多いのはブラジル人。そのため、町の標識に日本語や英語のほか、ポルトガル語が併記されることも珍しくない。ブラジルの食材を専門に扱うスーパーや、同国からの直輸入品を扱う雑貨店・洋品店もあり、日本にいながら南米の賑わいを感じられる町だ。

年に一度開催される「カルナバル」というイベントでは、ブラジル人や日本人のチームが本場仕込みの躍動感あふれるサンバを披露。また、年に数回、「活きな世界のグルメ横丁」という食のイベントも開催され、ブラジルのみならずペルー、パラグアイ、イランやエジプトなど、世界各国の伝統料理を味わうことができる。

一方、茨城の国際都市と言えば、研究機関の多いつくば市だ。世界120ヵ国からやってきた8675人が暮らしており、総人口22万6948人のうち、約4％を外国人が占めている（'16年12月）。つくば市は米・ケンブリッジ市やアーバイン市、中国の深圳《しんせん》市といった、研究機関やハイテク産業の集まる都市の姉妹都市であり、早くから海外の研究者が訪れていた。

「同僚のアメリカ人に聞いた話ですが、今から30年くらい前の日本では、どこに行っても外国人だとジロジロ見られることがよくあったそうです。でも、その当時からつくば市には外国人が多く、日本人からもごく普通に接してもらえたと語っていました」（つくば市のＩＴ企業に勤める会社員）

両県は定住外国人のみならず、外国人観光客も増えている。群馬県では県北部で開催される「望郷ライン・センチュリーライド」という自転車イベントが、サイクリング人口の多い台湾人に人気があるほか、外国からのスキー客も増えてきている。

対する茨城では、つくば市にある「つくば国際会議場」で毎年、国際会議が数多く開催されており、'16年5月には、「伊勢志摩サミット」に先立つ「Ｇ7茨城・つくば科学技術大臣会合」が開かれ、各国の要人が訪れた。

観光庁の都道府県別外国人延べ宿泊者数（'15年）を見ると、茨城は20万人泊で全国30位、群馬は16万人泊で全国34位。〞魅力度〟では最下位争いをしているわりに、両県には多くの外国人客が訪れているのだ。

美人がいない？

茨城、群馬には美人がいない——だしぬけにそんなことを言っては怒られそうだが、どういうわけか両県にはそういう俗説がある。第3章の対談でも話題に上っていたが、なぜそんな俗説が生まれたのか。そして、実際のところはどうなのか。

茨城の場合、水戸市が〞日本三大不美人都市〟のひとつと言われる（残るふたつは宮城県仙台市と愛知県名古屋市）。

この俗説の発端となったのは、慶長5年（1600年）に勃発した「関ヶ原の戦い」だ。合戦当時、水戸城を拠点に常陸国を治めていた佐竹義宣《よしのぶ》は、徳川家康ひきいる東軍につくか、石田三成を中心とする西軍に加勢するか態度を決めかね、中立的な立場を取った。その結果、関ヶ原に勝利した家康の不興を買い、慶長7年（1602年）に秋田への転封を命じられた――。ここまでは史実だが、その話にこんな尾ひれがついた。

生まれ故郷の常陸を離れよとの命令に義宣は納得がいかなかったが、家康の命とあらば従わざるをえない。せめてもの腹いせとして、義宣は水戸に住んでいた美女をすべて転封先の秋田に連れて行き、代わりに秋田の不美人を水戸に送り付けた――。

なんとも失敬極まりない〝都市伝説〟だが、茨城の女性たちはどう思っているのか。恐る恐る尋ねてみると、こう憤激するのである。

「ブスが多いなんて心外です。茨城の女性は薄いメイクを好むので目立たないのかもしれませんが、かわいい子もたくさんいますよ」（県内の女子大生）、「茨城は日差しが強く、肌が焼けている人が多いのでそう言われるのかもしれません。でも、健康的な美女がたくさんいますよ」（県内の美容師）

一方の群馬には、「上州女に美人なし」という、これまた身も蓋もない俗言がある。群馬の女性は〝空っ風〟にさらされて肌が荒れやすいことから生まれた言葉だとされるが、当の群馬女性はこう反論する。

「最近は保湿性の高い化粧品も多いですから、そんなに肌が荒れているとは思いませんね。だいたい、最近は空っ風もあまり吹きませんし」（高崎市の飲食店店員）

前橋市の女性会社員は、群馬の女性が不美人とされるのは、容姿ではなく性格に理由があると見ている。

「男性にとっては、おとなしい女性のほうがかわいく見えるんでしょうけど、群馬の女性は勝ち気で、なかなか男性の言うことを聞かない。だからブスに見えるのでは」

また、女性の容姿だけをあげつらうのは不平等ということで、〝イケメン〟の有無についても両県民に聞いてみた。

群馬では「他の県と変わらないんじゃないですか」「群馬でイケメンは見たことがない」という声が多く、茨城では「とにかくダサい。カッコいい男性なんていません」という声がある一方で、「たまにすごくバタ臭いイケメンがいるんです。茨城は海に面していますから、外国からやってきた人の末裔なんじゃないでしょうか」との意見もあった。

果たして茨城、群馬に美女・美男はいるのか、いないのか――。

その答えは、現地に足を運んで確かめてほしい。

〝健康寿命〟が長い

本章では両県の「県民性」を比較してきたが、最後に両県民の「寿命」について触れておこう。

厚生労働省のデータによると（'10年）、日本人男性の寿命は全国平均で79・59歳。上位3県は長野県（80・88歳）、滋賀県（80・58歳）、福井県（80・47歳）となっており、群馬県は全国平均を下回る79・40歳で29位、茨城はさらに短い79・09歳で36位にとどまっている。

また、女性の平均寿命は全国平均が86・35歳で、ベスト3は長野県（87・18歳）、島根県（87・07歳）、沖縄県（87・02歳）となっており、群馬県は85・91歳で41位、茨城は85・83歳で44位と、かなり下位となっている。

この数字だけ見ると、両県民は短命のように思える。だが、たとえ寿命が長いとしても、寝たきりなど介護が必要な状態であれば、幸せだとは言い切れない。

そこで近年、注目されているのが〝健康寿命〟だ。

これは健康上の問題なく日常生活を送れる期間を表したもので、厚労省の「日常生活に制限のない期間の平均」（'13年）を見ると、男性の全国平均は71・19歳。これに対し、茨城は平均を上回る71・66歳で全国11位、群馬も71・64歳で13位と、平均寿命こそ短めだが、健康寿命はかなり長いのである。

女性の健康寿命はもっと長い。全国平均は74・21歳だが、茨城はそれを上回る75・26歳で6位、群馬は75・27歳で、じつに全国5位にランクインしている。

両県民の健康の秘訣とは何だろうか。茨城県民は言う。

「やっぱり、体に良いと言われる納豆をよく食べるからじゃないでしょうか」(水戸市の会社員)、「茨城県人は嫌なことがあっても、忘れっぽい性格だからストレスがたまらないんですよ」(土浦市の主婦)、「茨城は三世代同居が多いからでしょう。毎日、孫の顔を見ると元気になる」(農家の男性)

一方の群馬県民はこう分析する。

「総務省の家計調査によると、群馬は肉の消費量が全国で一番、少ない。野菜中心の食生活を送っているから健康なのでしょう」(高崎市のフードライター)、「群馬の女性は気が強いから、言いたいことは何でも口にする。不満をため込むことがないから精神的にも元気なんですよ」(館林市の主婦)

他県民から「魅力がない」と言われても気にしない。両県民は健やかに暮らしているのである。

激論その3

第5章

岩崎夏海（いばらき大使）vs. 見城美枝子

「つくばと聞くと『つくば万博』を思い出します」（見城）

「あれほどの人が茨城に集まったのは最初で最後だったかも」（岩崎）

岩崎夏海（いわさき・なつみ）
1968年、東京都新宿区出身。小説家・放送作家。小学校〜高校時代をつくば市で過ごす。東京芸術大学卒業後、秋元康氏の下で放送作家として活動。2009年『もし高校野球の女子マネージャーがドラッカーの『マネジメント』を読んだら』がミリオンセラーに。'11年、「いばらき大使」に任命される。

見城美枝子（けんじょう・みえこ）
1946年、群馬県館林市出身。キャスター・エッセイスト・評論家。68年にアナウンサーとしてTBS入社。フリーになった後も「愛は地球を救う」総合司会などで活躍。青森大学副学長、NPO法人ふるさと回帰支援センター理事長などを務める。

茨城なのに「空っ風」

岩崎　私は東京生まれなんですが、父が筑波大学の教授に就任した関係で、小学６年生だった１９８０年につくば市に転居し、大学進学のため上京するまで暮らしました。２０１１年には「いばらき大使」に任命され、折にふれて茨城県のＰＲ活動を手伝っています。

今回は「茨城 vs. 群馬」という、なかなか刺激的な対談ですが（笑）、率直に言うと、群馬県を意識している茨城県民は、ほとんどいないと思います。隣の栃木県とは、「どっちがより訛りがひどいか」を比べてみるなど、多少、意識することはあるんですが。

見城　私は群馬県の館林市出身で、大学進学のために上京するまで暮らしていました。茨城県民は群馬を意識しないとおっしゃいましたが、群馬県民も似たようなもので、茨城県が気になることはほぼありません。隣の栃木県だと、遊びに行くこともあるんですが、茨城には縁がない。間に栃木県が入っているから、実際の距離よりも遠く感じるのかもしれません。

岩崎　僕個人の群馬県の印象というと、とても漠然としていますが、田んぼが広がる中を、電車がのんびり走っている光景が思い浮かびます。ＪＲ高崎線あたりのイメージですね。

見城　確かに群馬の平野部は田畑が多いですね。ただ、実は群馬県というのは高低差が大きい地域なんです。地図で見ると、群馬県は翼を広げて羽ばたく「鶴」の姿に似ていて、北部は新潟県との境にある三国《みくに》山脈や越後山脈、東部には栃木県と接する足尾山地、南西部には関東山地など、三方を山に囲まれています。そして中心部から南東部に向かって関東平野が広がっていく。平野から山まで起伏に富んだ地形で、地域ごとに土壌や気候が違う。だから、名産のこんにゃくや下仁田ネギ、嬬恋のキャベツなど、バラエティに富んだ農産物が栽培できるんです。

岩崎　そこは茨城とは違いますね。茨城にも、名山として「西の富士、東の筑波」と謳われた筑波山をはじめ、いくつかの山がありますが、大部分は平坦な土地が広がっているだけです。僕が育ったころのつくば市は、田んぼも畑もなくて、松林が延々と広がっていました。

見城　松が多いんですか。それは知らなかった。

岩崎　僕も引っ越した当初は、なぜ松ばかりなのかわからなかったんですが、後で調べてみると、あの松は防風林の役割を果たしていたんです。つくば市というのは、「筑波おろし」といって、筑波山から強烈な風が吹いてくるので、それを防ぐために松林があった。僕は自転車で高校に通っていたんですが、無風のときは10分で着く距離でも、向かい風の強い日は倍の20分もかかりましたよ。逆に、追い風が吹くと5分で着くんですが（笑）。

見城　群馬県の名物として「かかあ天下と空っ風」が有名ですが、茨城にも空っ風が吹いていたんですね。

岩崎　ただ、松というのは土の栄養分を吸い上げてしまうそうです。茨城県は農業産出額が北海道に次いで全国２位という農業県ですが、松の多いつくば市は農作物が少なかった。

私が暮らした「筑波研究学園都市」は、科学技術振興と東京の人口密集を解消する目的で'63年に国が建設を決定した人工都市ですが、当初はつくばのほかにも、富士山麓や赤城山麓、那須高原などの候補地があった。その中で、なぜ選ばれたのかと言えば、つくば市には松林のほかには何もなく、土地の買収が容易だったからではないかと想像しています。

土地の安さでは負けない

見城　先ほど、三方を山に囲まれていると言いましたが、群馬は県面積の７割近くを山岳地が占めているので、利根川上流などを中心に多くのダムがあるんです。そしてこれらのダムは、県内の農業用水や生活用水を賄うだけでなく、首都圏にも飲料水を供給しているんです。いわば、群馬は首都圏の「水がめ」なんですよ。

岩崎　私も今は東京で暮らしていますが、水源までは気にしていませんでした。東京の人は、群馬県に感謝しなければいけませんね。

見城　一方で群馬県は地盤が強固という特徴もあります。日本は地震大国ですが、群馬では確認されている「活断層」が他県に比べると少ない。だからと言って、地震がまったくないわけではありませんが、自然災害のリスクが低い土地柄と言えます。

そういう安全な土地でありながら、地価が安いというのも群馬の魅力です。国土交通省の都道府県地価調査（'15年）によると、東京都の住宅地土地価格は1㎡あたり約32万4000円ですが、群馬は約3万1000円です。

岩崎　東京の10分の1ですね。

見城　これだけ安いと、べつだん高給取りでもない、ごく普通のサラリーマンでも「庭付き・駐車場付き」の一戸建てを買うことができます。

また、総務省の統計データ（'13年）によると、一住宅あたりの延べ面積は東京が64・5㎡に対して、群馬県は109・9㎡と、倍近く広い。家が広ければおじいちゃん、おばあちゃんからお孫さんまで、三世代で暮らすことができますね。あるいは一緒に住まなくても、土地代が安いから実家のそばに家を建てることもできる。今、都市部では保育園不足が問題になっていますが、群馬の場合、共働きの家庭でも、近くに住んでいる祖父母に孫の面倒を見てもらうことができるんです。

岩崎　土地の安さでいえば、茨城も負けていませんよ。一住宅あたり延べ面積は１０９㎡で、１㎡あたりの住宅地土地価格は約３万３０００円。群馬と同じくらいの水準ですね。

僕は子どものころ、父の仕事の関係で、国家公務員用の官舎に住んでいたんです。官舎と言っても集合住宅ではなく、４ＬＤＫの一戸建てで、家賃は３万５０００円でした。今から30年ほど前の話ですし、国からの家賃補助もあったとは思うんですが、それでも安いでしょう。東京ではそんなに広い家には住んだことがなかったので、引っ越した当初は子ども心にカルチャーショックを受けたことを覚えていますね。僕の家の近所にはそういう住戸がざっと２００軒ほど並んでいましたが、人気がなかったのか、半分くらいは空いていました。空き地が延々と広がっていて、映画やテレビで見たアメリカの郊外のような光景でしたね。

どちらが東京に近いのか

見城　安いだけでなく、東京に出やすいというのも群馬の特徴です。東武伊勢崎線は東京メトロ日比谷線に乗り入れていますし、新幹線を使えば、高崎から東京まで50分で行けます。実際、高崎から都心の会社に勤めている人も少なくありません。群馬は「東京のベッドタウン」でもあるんです。

岩崎 それなら茨城も十分、東京への通勤圏ですよ。県南部の取手や牛久あたりからなら、常磐線で1時間もあれば東京に出られます。また、'05年に開業したつくばエクスプレスを使えば、つくばから秋葉原まで45分で行ける。もともと、つくばエクスプレスというのは、つくばの研究学園都市に住む研究者たちが東京へ出やすくするために計画されたようです。

見城 つくば市は茨城の中でも優遇されているんですね。お話を聞いていると、つくば市というのは、ブラジルの首都ブラジリアに似ていると思いました。ブラジリアも、行政機関や司法機関を集中させるために作られた人工の都市ですから。

岩崎 茨城とブラジルを比較するというのは、とても新鮮な発想ですね（笑）。確かに、つくば市は国家的プロジェクトとして建設されましたから、茨城の他の地域とは、成り立ちも文化もかなり違うとは思います。

見城 私はつくばと聞くと、'85年に開催された「つくば万博」こと「国際科学技術博覧会」を思い出します。

岩崎 僕が高校生のころでした。あのころは、つくばが日本中から注目され、全国から来場者が集まったことを覚えています。調べてみると、総入場者数は２０３３万人に達したそうです。あれからもう30年以上が経ったわけですが、それほどの人々が茨城県に集まったのは、つくば万博が最初で最後だったかもしれません。

群馬はマグロが美味い!?

岩崎　先ほど、群馬県の印象として田んぼが多いイメージを挙げました。なぜ田んぼが多いのか、僕なりに考えてみたんですが、群馬の人というのは、空いている土地があったら有効に使おうという「生真面目さ」があるからではないでしょうか。茨城の場合だと、余っている土地があっても、「まあいいや」と放っておいてしまうから、空き地が多い。

見城　群馬は米作に不向きな山間部が多いからかもしれません。だから平野部に少しでも空いている土地があったら、なるべく田んぼを作ったのでしょう。

その一方、山間部では昔から小麦の栽培が盛んでした。群馬県の食の名物としては、「水沢うどん」や「焼きまんじゅう」に「おきりこみ（おっきりこみ）」、それから幅広麺の「鬼ひも川」といううどんも美味しい。いずれも小麦粉を使ったものです。近年だと、パスタ店が多い高崎市が「パスタのまち」として全国的に有名になってきています。

岩崎　群馬県は「粉食文化」なんですね。

見城　小麦の生産が盛んだから、製粉会社もできたんです。私の出身地である館林市は、日清製粉の創業地。日清製粉と言えば、皇后陛下のおじいさまにあたる正田貞一郎さんが創業した会社です。以前、皇后陛下にお会いした際に「見城さん、目車《めぐるま》の踏切は今どうなってますか」と尋ねられたことがあります。「目車の踏切」というのは館林駅そばにあった広い踏切で、いつも真っ白でした。なぜ白かったか、わかりますか？

岩崎　小麦粉が落ちていたのですか。

見城　ええ。日清製粉で生産した小麦粉を貨物列車で毎日せっせと東京に運んでいたから、踏切が白かったんです。

　これは余談ですが、先日、館林にある「日清製粉ミュージアム」を訪ねたところ、創業期の製粉機など、明治時代の古い機械が残っていて驚きました。群馬県には「ゼロ戦」など軍用機を生産していた中島飛行機の工場があったため、第二次大戦中には米軍の激しい空襲を受けていたんです。それなのに、なぜ日清製粉の施設は爆撃を受けず、無事に残っていたのか不思議に思ったんです。それで、私なりに考えてみたんですが、もしかするとアメリカは終戦後、自分たちが駐留することを見越して製粉工場を残していたのではないでしょうか。

岩崎　終戦後、日本に駐留する自分たちが食べるパンを作るためですか。

粉ものの群馬を象徴する「日清製粉ミュージアム」(同社HPより)

見城　そうです。もうひとつ、日本にパン食を根付かせるという狙いもあったのかもしれません。日本人がパンを食べるようになれば、アメリカから多くの小麦粉を日本に輸出することができますから。

岩崎　ありえる話ですね。

見城　館林は空襲を受けなかったと言いましたが、それゆえに田畑も無事で、戦後すぐに美味しいお米を食べられるようになったんです。また、館林は5代将軍・徳川綱吉が館林城の城主を務めていたこともあって、きっぷよく豪勢に遊ぶ「旦那衆」の文化が根付いています。私が子どものころも、家で宴会となれば、近所の魚屋さんが東京で仕入れてきた極上の本マグロを運んでもらって、よく食べていましたよ。海のない群馬県で、美味しい刺身を食べていたと言うと「ウソでしょう」と驚かれるんですが(笑)。

岩崎　確かに意外ですね。ただ、魚の新鮮さで言えば海のある茨城にはかなわないでしょう。大洗海岸をはじめ、漁師町がいくつもありますから、いつでも新鮮な魚を食べられます。とりわけ冬場のアンコウは絶品です。

見城　あと、群馬は養豚業が盛んで、豚肉の生産量は全国5位。「赤城高原豚」や「榛名ポーク」など、美味しい豚肉がたくさんあるんです。大学進学のため東京に住み始めて最初に思ったのは、「東京はとんかつもマグロもまずい」ということでした。館林ではどちらも美味しいものを食べていましたから。鰻も館林のほうが美味しかったですね。

岩崎　茨城も鰻は有名ですよ。「うな丼」は茨城発祥という説もあって、龍ケ崎市あたりには、美味しい鰻屋さんが集まっています。

それは誤解です

見城　岩崎さんから、群馬県民は生真面目なのではという指摘がありましたが、これも山が多いという群馬の地形が関係しているのかもしれません。山間部は米作もできず厳しい地域が多く、勉強して立身出世しようという気持ちが高まる。また、群馬には優秀な人が自分の村にいたら、周囲の人が協力して後押しするという伝統もあります。たとえば、京都大学の総長だった医師の荒木寅三郎という人がいます。この人は上野国《こうずけのくに》碓氷《うすい》郡板鼻宿《いたはなしゅく》、現在の安中市出身で、東大医学部を卒業後、郷里で医師をしていたんですが、もっと勉強したいという本人の希望を叶えるために、地元の人たちがお金を出し合ってドイツの大学に留学させてあげたんです。

それから、群馬は古くから高崎高等女学校や、私の出身校でもある館林高等女学校などの女子校がたくさんあり、女性への教育にも熱心でした。'14年に世界遺産に登録されたことで全国的に有名になった富岡製糸場にも、工場で働く女性たちに読み書きや裁縫を教える夜学校がありました。このことからも、群馬が昔から教育に力を入れてきたことがわかるでしょう。

岩崎　そこは茨城とはだいぶ違いますね。もちろん、茨城県民も教育熱心な家庭はあるのでしょうが、もっと大らかに「勉強もいいけど、仲間と楽しく暮らすことが大事」と考える人も多いです。今の言葉で言えば「ヤンキー文化」が根付いている。

見城　でも、茨城と言えば、徳川斉昭が作った「弘道館」という藩校がありましたし、古くから教育に力を入れていたんじゃないですか。

岩崎　確かに、水戸に関して言えば、古くから教育に力を入れてきたと思います。テレビドラマ「水戸黄門」でおなじみの徳川光圀《みつくに》は、長大な歴史書である『大日本史』の編纂を発案しましたし、水戸藩で形作られた「水戸学」は明治維新にも影響を与えた。近年は文化政策にも力を入れていて、'90年には磯崎新さんが設計し、現代美術や演劇、音楽を鑑賞できる「水戸芸術館」がオープンしました。だから水戸市周辺に限れば、教育に力を入れていると は思います。ただ、他の地域に関しては、それほど教育熱心でもないように感じますね。

見城　同じ茨城県でも、地域によって違うんですね。

岩崎　気性も地域によって微妙に違うと思います。よく、茨城の県民性として、「怒りっぽい、忘れっぽい、飽きっぽい」の「3ぽい」が挙げられます。これは、水戸藩士の「怒りっぽい、骨っぽい、理屈っぽい」の3ぽいが転じたものと言われています。

　実際、歴史を振り返ると江戸時代末期に「桜田門外の変」を起こして大老・井伊直弼を暗殺したのは水戸藩士ですし、昭和に入ると、茨城県大洗町の青年らが中心となって、元蔵相の井上準之助らを殺害する「血盟団事件」というテロ事件を起こしました。だから茨城県民は怒りっぽいと見られるのかもしれません。でも、僕が接してきた印象から言うと、特に茨城南部の土浦市やつくば市の人たちはとても穏やかで、怒っているのをほとんど見たことがない。茨城県人みんなが激しやすい性格だとは、思わないでいただきたいですね（笑）。

見城　誤解される県民性という点では、ぜひ私も申し上げておきたいことがあるんです。群馬の名物として、先ほども触れた「空っ風」のほかに、「かかあ天下」がよく挙げられますね。これはどういう意味だと思われますか。

岩崎　群馬ではお母さんがすごく家で威張っているとか、群馬の女性は気が強い、ということでしょうか。

見城　違うんです。もともとは、「うちのかかあは天下一」という意味なんです。群馬は養蚕業が盛んで、昔から働き者の女性が多かった。そういう働く女性を「天下一」だと褒める言葉だったんです。それがいつの間にか「一」が抜けてしまって、単に「かかあ天下」と言われるようになったため、誤解されてしまったんです。

岩崎　そうだったんですか。よく覚えておきます（笑）。

「俺たちはこれでいいんだ」

見城　もう少し「県民性」の話を続けると、群馬県民には、政治への関心が高いという一面もあります。私が子どものころ、選挙期間中ともなれば、町中が提灯の明かりで煌々《こうこう》と照らされ、人々が興奮して誰が当選するとかしないとか、そこかしこで議論していました。そういう土地柄だから、福田赳夫さん、中曽根康弘さん、小渕恵三さん、福田康夫さんと、戦後では全国最多となる4人の総理が群馬から生まれたのかもしれません。

岩崎　そこも茨城とは対照的ですね。茨城出身の総理大臣はいませんし、大物政治家と言って思い浮かぶのは梶山静六元官房長官くらいで、県民も政治に関心が高いとは思えない。

なぜ茨城県民が政治に関心が低いのかというと、わざわざ国に働きかけて、何らかの便宜を図ってもらう必要がないからだと思います。茨城は農作物も豊富ですから食べ物には困らないし、海があるから、海外を含めて他の地域との交易も盛んです。また、東京に近いうえ、土地が余っていますから、企業もどんどん進出してきて、工場を建ててくれるし、それに伴って雇用も増えた。こちらから動かなくても、なんでも揃ってしまうから、わざわざ政治に頼らなくても、うまくいっていたんです。

ただ、近年は国内企業が中国や東南アジアに移ってしまって、茨城県内の工場は減少傾向にある。今後、何かしらの対策は必要になってくると思うんですが、今のところ県民の危機意識は低いようです。

見城　やっぱり海があるというのは、物流や人の交流という面で強いですね。ただ、群馬も「陸路」という面では古くから交通の要衝だったんです。東山道、鎌倉街道、中山道、日光例幣使《れいへいし》街道に三国街道など、東西南北を結ぶ主要な街道が県内を通っていました。

律令時代には京都と東北地方を結ぶ東山道が重要で、都から北上してくると、群馬はちょうど東国の入り口に位置していたんです。そのため、群馬は東国の中では、都の最新文化がいち早く入ってくる土地でした。群馬県民には「好奇心が旺盛で、新しいものが好き」という気質もありますが、主要な街道が集まり、各地の文化が入ってくる土地だったからではないかと思います。

また、群馬県からは同志社大学を設立した新島襄《にいじまじょう》や、内村鑑三など、キリスト教に傾倒した宗教家が輩出しています。これも、外から来た文化を積極的に取り入れるという群馬県民の性格を表していると思います。

岩崎　周囲を山に囲われていると聞くと、何となく内向的な性格をイメージしますが、群馬は違うんですね。茨城の場合は、決して内向きというわけではないんですが、地元志向というか、「俺たちはこれでいいんだ」という気風があるような気がします。

地方出身者だと、都会に多少なりとも憧れやコンプレックスを抱くことがありますが、茨城の人にはそれがない。むしろ、田舎者であることにプライドを持っていて、よその土地と自分たちを比べることもなく、自信を持って地元で暮らしています。先ほど、隣の栃木県とは「どちらが訛っているか」比べることがあると言いましたが、むしろ茨城の人たちは「自分たちのほうが、訛りはひどいぞ」と自慢する傾向がある（笑）。土地が豊かで海もあって、それなりに楽しく暮らせるという自信があるからでしょう。

常勝・ＰＬ学園を破った茨城の県民性

岩崎　そんな茨城の偉人として僕が挙げたいのは、土浦市出身で、取手二高や常総学院の野球部監督を務めた木内幸男《きうちゆきお》さんです。

見城　高校野球の監督さんですか。

岩崎　ええ。僕は、この人は高校野球の常識を覆した人だと思っています。昔の高校野球、特に甲子園の常連校ともなると、監督は選手をがっちり管理して、約束事を徹底的に守らせるのが普通でした。ところが木内監督は「のびのび野球」と称されるように、選手の自主性を大切にして、とにかく楽しく野球をやらせた。当時、高校野球の選手は、試合中となれば能面のように無表情でプレーしていましたが、木内さんが率いていた取手二高の選手は大き

甲子園優勝で茨城県民栄誉賞を受けた木内幸男・取手二高野球部監督（左）

な声を出したり、笑顔を見せたりと、感情むき出しのプレーをしていた。僕はこの、のびのびしたスタイルが茨城県の楽天的な県民性にマッチしたと思うんです。東京や大阪といった強豪校のスタイルを取り入れるのではなく、茨城ならではの野球を作り上げた。

その木内野球の集大成が、'84年夏の甲子園大会です。取手二高はなんと、当時、無敵と思われていたＰＬ学園を決勝戦で破ったのです。

見城　ＰＬ学園と言うと、元巨人の桑田真澄さんや清原和博さんがいた学校ですか。

岩崎　そうです。桑田・清原のいわゆる「ＫＫコンビ」は１年生のときから３年連続で夏の甲子園に出場していますが、夏の大会で負けたのは彼らが２年生だったときの取手二高戦だけです。ＰＬ学園という、野球においては圧倒的なエリートが集まるチームを、どこにあるのかもよくわからない茨城県という田舎から出てきた高校生たちが破った。痛快な話でしょう。

負けてしまったＰＬの桑田はこの試合に大きなショックを受けたそうです。緻密で徹底した管理野球をやってきた自分たちが、好き勝手にやっている田舎のチームに負けてしまった。なぜ負けてしまったのかを知りたくて、桑田はその後、１週間ほど取手二高の練習に参加したというエピソードもあります。

見城　桑田さんの行動力もすごいですね（笑）。茨城県って、たしか高校サッカーも強いですよね。スポーツが盛んなんでしょうか。

岩崎　どのスポーツも、そこそこは強いんです。でも、優勝できるかと言えば必ずしもそうじゃない。ある程度勝ち進むんだけど、壁にぶつかると、「まあいいか」となってしまう（笑）。これも、おおらかな県民性ゆえでしょうね。

見城　スポーツと言うと、群馬県はレスリングが盛んですね。私の地元、館林市には上武洋次郎さんというレスリング選手がいて、東京五輪とメキシコ五輪の二大会連続で金メダルを獲得しています。また、モントリオール五輪では太田市出身の高田裕司さんという選手が金メダルに輝いています。日本はレスリングが強いですが、その先駆けとなったのは群馬県出身の選手たちだったんです。海がないので、水泳は弱いかもしれませんが（笑）。

アピール下手な両県

岩崎　都道府県魅力度ランキングでは茨城はいつも人気がないですけど、一番の原因は、アピールが下手だということに尽きると思うんです。それなりに観光地もあるし食事も美味しいのに、全国に発信しようという気持ちが県民にはあまりない。

見城　そのあたりは群馬も同じですね。人気がないと言われても「いやだ、もう」って笑うだけで終わってしまう。もっと群馬を知ってもらおうという気持ちが乏しい。

その点、お隣の長野県はアピール上手だと思いますね。食べ物にしても「信州そば」とか「信州牛」など、「信州」をうまくブランド化しています。

最近だと、長野県の上田市がＮＨＫの大河ドラマ「真田丸」の主人公・真田幸村ゆかりの地であることを盛んにアピールしていますね。

岩崎　確か群馬県にも真田氏の領地があったのではないですか。

見城　ありました。現在の沼田市にあった沼田城は一時、真田氏の拠点でしたし、みなかみ町にあった名胡桃城《なぐるみ》は、豊臣秀吉が後北条氏を滅ぼした「小田原征伐」の発端となった歴史的にも重要な場所です。もちろん、群馬県もそれなりに真田氏ゆかりの土地であると宣伝しているんですが、長野のほうが目立っているような気がして、歯がゆいんです（笑）。

岩崎　歴史で言えば、水戸藩は徳川御三家のひとつですし、先ほども話題に出た弘道館や、「日本三名園」のひとつとされる偕楽園など、茨城には歴史的な名所がいくつもあります。でも、茨城の人はことさらに自慢しない。よその県の人は、「うちの殿様は誰々だった」とか「うちの先祖は○○氏」という話をよくしますが、茨城ではそういう話題もあまり出ないんですよ。農家が多かったせいかもしれませんが。

見城　京都や奈良あたりは、歴史をうまく宣伝材料にしていますよね。でも、古さでいったら、群馬だって負けてないんですよ。何しろ、群馬には日本に旧石器時代が存在したことを証明した「岩宿遺跡」もありますし、全長２１０ｍという「太田天神山古墳」をはじめ、いくつもの古墳があるんです。古墳が多くあるということは、群馬の地に有力な豪族がいたことを示しています。古墳時代の群馬近辺は「上毛野国《かみつけぬのくに》」と呼ばれました。一説には、「毛」というのは穀物がよく実る肥沃《ひよく》な土地を表すそうです。豊かな土地だからこそ、朝廷からも一目置かれる有力な豪族が育ったのでしょう。

岩崎　古代の遺跡というと、茨城には日本最大級である美浦《みほ》村の「陸平《おかだいら》貝塚」をはじめ、県内に３００ヵ所以上もの貝塚があります。見城さんのおっしゃる通り、歴史的な遺産があるのは何も京都や奈良だけじゃないですね。

見城　そうですよ。さらに言えば、群馬県の神流町は「日本で最初に恐竜の足跡が発見された町」なんですよ。この足跡は白亜紀、つまり今から1億年以上前です。群馬に来れば、人類が誕生する以前の歴史に触れることもできるんです（笑）。

おもてなしと、来るものは拒まず

見城　それから、群馬の人には「おもてなし」の精神があるんです。先ほど、村の優秀な若者をバックアップする伝統があると言いましたが、群馬の人は外から来たお客様も手厚くもてなすんです。たとえば、第二次大戦前、ドイツの高名な建築家で、都市建築と集合建築の世界的権威だったブルーノ・タウトという方がナチスから迫害を受け、日本に亡命したことがあります。タウトさんは日本滞在中の大半を高崎市にある少林山達磨寺で過ごしたんですが、そのときに村人から受けた気遣いをこう日記に記しています。

〈私が小道を歩いていると、大勢の村童たちがついてきた。やがて彼らは私の先に立って、道の両側にある灌木の枝を押えつけた。木の枝が私に触れないようにしてくれたのだ。みんな貧しい子どもたちなのに、実に細かい心遣いをするものだ〉

タウトさんはその後、トルコに渡ることになりますが、村民との別れの挨拶では「出来得るなら、私の骨は少林山に埋めてほしい」とまで語っています。それだけ、群馬県民のもてなしに心を打たれたということです。

岩崎　もてなしという面では、群馬のほうが細やかかもしれませんね。茨城の人も、外から来た人には親しく接しますし、壁を作るなんてことはありません。でも、「ぜひ茨城に来てください」という感じではないんですよね。「遊びに来たいなら、どうぞ楽しんでいってください」という感じで、あっさりしている。

見城　私から言うのもおかしいけど、茨城にも全国的に売れそうなものがたくさんありますよね。たとえば、フクロウのラベルで知られる「常陸野ネストビール」は国内だけでなく海外でも売れています。以前飲んだときにすごく美味しかったので、「うまく宣伝すれば、もっとヒットするんじゃないですか」と言ったんですが、茨城の人は「そうですか」とあっさりしていた。もったいないと思ったことがあります。

岩崎　茨城の人には、「いいものなのに、売れなくてもったいない」という気持ちすらないような気がしますね。僕は仕事で地方に行く機会が多いんですが、どの地方でも観光誘致や地場産業の育成について真剣に議論をしています。でも、茨城ではそういう話があまり出てこない。どこまでもマイペースなんです。

見城　群馬や茨城の人気が高まらない理由として、東京に近いということが挙げられるかもしれません。せっかく自分たちの県にいろんな魅力が隠れているのに、東京という都会が近くにあるから、そちらにばかり目が行ってしまう。

ただ、近年は若い人の意識が変わりつつあります。私は「ふるさと回帰支援センター」という、地方で暮らすことを希望する方々を支援するＮＰＯの理事長をしていますが、地方で起業したり、農業を始めたりする若者が増えています。私は、これからの時代は、東京一極集中が徐々に崩れ、地方がそれぞれの個性を発揮する時代に入ると思っています。

ただし、今のところ移住希望先で人気なのは一番が長野、二位が山梨、三位が島根で、残念ながら茨城や群馬はベスト20外です（移住希望地域ランキング２０１５）。

岩崎　地方も少しずつ変わってきているんですね。もっとも茨城の人は、これからも変わらずマイペースに生きていくと思いますが（笑）。

第6章　偉人自慢——総理がいっぱいいいたら偉いのか

4人の総理は戦後最多

その控えめな性格ゆえか、とかく「うちの県には自慢できるものが何もない」と謙遜する茨城、群馬両県民。しかし、詳しく調べてみると、両県からは優秀な人材や、有名企業が少なからず生まれている。本章では、両県の偉人や、産業、文化について見ていこう。

第1章や第5章の対談でも触れられたように、群馬県民の自慢のひとつに、「4人の総理大臣を生んだ」ことがある。総理大臣の出身都道府県については、戦前は「出生地」、戦後は「選挙区」で区分される慣例となっているのだが、戦後に限ってみると、群馬の4人が最多となっている（戦前・戦後を通じると山口県の8人が最多）。

初の群馬出身総理となったのは福田赳夫氏だ。1905年、群馬郡金古町（現・高崎市）に生まれた同氏は、東京帝国大学卒業後、大蔵省に入省。'52年に衆院議員に初当選後は、岸信介元総理に仕えつつ頭角を現し、田中角栄元総理と熾烈な〝角福戦争〟を展開。総裁選で一度は田中氏に敗れるものの、同氏が失脚後の'76年に総理に就任した。総理在任中は「日中平和友好条約」を締結したほか、「福田ドクトリン」と呼ばれる積極的な東南アジア外交を展開した。

2人目の群馬出身総理となったのは中曽根康弘氏だ。1918年、高崎市に生まれた中曽根氏は東京帝国大学卒業後、内務省を経て海軍主計士官に任官。戦後まもない'47年に衆院議員に初当選し、〝三角大福中〟（三木武夫、田中角栄、大平正芳、福田赳夫、中曽根康弘）のひとりとして台頭し、'82年に総理就任。在任中は三公社（日本専売公社、日本国有鉄道、日本電信電話公社）の民営化、および日本航空の完全民営化に取り組んだほか、日米同盟強化にも取り組み、当時のロナルド・レーガン大統領と「ロン・ヤス」と呼び合うほどの信頼関係を構築した。'87年の退陣までの総理在任日数は1806日で、戦後第5位の長期政権だった（ちなみに戦後の総理在任日数は、1位が佐藤栄作氏の2798日、2位が吉田茂氏の2616日、3位が小泉純一郎氏の1980日、4位は現職の安倍晋三総理の1864日。2017年1月末時点）。

福田、中曽根両氏がいかにも〝昭和の大物政治家〟という重厚な雰囲気をまとっていたのに対し、群馬から3人目の総理となった小渕恵三氏は「人柄の小渕」と評されたように、どこか親しみやすい総理大臣だった。

1937年、吾妻郡中之条町生まれの小渕氏は、早稲田大学大学院在籍中の'63年、代議士だった父・光平氏のあとを継いで衆院選に立候補。当選を果たすと、田中派―竹下派に所属し、〝竹下派七奉行〟のひとりとして実力をつけた。官房長官だった'89年、昭和天皇崩御により元号が改められた際、記者会見で「新しい元号は〝平成〟であります」と発表したことから〝平成おじさん〟とも呼ばれた。

総理就任は'98年。ニューヨーク・タイムズ紙に〝冷めたピザ〟、田中真紀子元外相からは〝凡人〟などと酷評されつつも、周辺事態法や通信傍受法などの重要法案を成立させた。しかし総理在任中の'00年4月に脳梗塞で倒れ、志半ばで亡くなった。

ちなみに、福田、中曽根、小渕の3氏は、いずれも中選挙区時代の「群馬3区」（定数4人）選出だ。同選挙区には社会党書記長を務めた山口鶴男氏もおり、「上州戦争」と呼ばれる熾烈な選挙戦を展開していた。

そして群馬から誕生した4人目の総理となったのは、福田赳夫氏の息子である康夫氏だ。'36年、東京生まれの康夫氏は戦時中に実家の群馬郡金古町に疎開し、早稲田大学卒業後、丸善石油（現・コスモ石油）勤務や父の秘書を経て'90年に政界入り。在任日数が歴代2位となる1289日間の官房長官時代を経て'07年、奇しくも父・赳夫氏と同じ71歳のときに総理就任。親子での総理就任は日本の憲政史上、初めてのことだった。

総理就任後は消費者庁の新設や「新テロ対策特措法」成立に向けて尽力したが、'08年に突如、総理辞任。退任時の記者会見で言い放った「私は自分自身を客観的に見ることができるんです。あなたと違うんです」というフレーズは流行語大賞にもノミネートされた。

群馬には〝5人目の総理〟がいた？

福田赳夫、中曽根康弘、小渕恵三、そして福田康夫——。その実績についての評価は意見が分かれるだろうが、いずれも国民に強い印象を残した総理たちであることは間違いない。〝グンマー〟〝秘境〟などと揶揄《やゆ》される群馬から、なぜこれほど多くの大物政治家が輩出するのか。

県民に聞いてみると、「向上心の強い人が多いから」（前橋市の会社員）、「同じ選挙区で競い合ったからでは」（高崎市の商店主）といった声が聞かれたが、「敵を作らない無難な人材が多いだけでしょう」（伊勢崎市の会社員）、「ただの偶然」（前橋市の大学生）という控えめな意見もあった。「ことさらに自慢しない」という、シャイな県民性がそう言わせてしまうのだろうか。

群馬在住ジャーナリストの木部克彦氏は、「群馬出身の総理として、もうひとり付け加えてほしい」と、こんな自説を展開する。

「ぜひ加えていただきたいのは、終戦時の総理だった鈴木貫太郎です。鈴木は関宿藩（現在の千葉県野田市にあった藩）の藩士・鈴木由哲の長男ですが、9歳のころ前橋市に転居。厩橋学校（現・桃井小学校）から前橋中学（現・前橋高校）へと進み、東京の攻玉社《こうぎょくしゃ》を経て海軍兵学校に入学するまで、およそ6年間を群馬で過ごしました。たった6年だけと言われるかもしれませんが、多感な10代の前半を前橋で過ごしたわけですから、十分に群馬県民の気質が身についたはずです。

その鈴木は太平洋戦争末期の'45年4月に総理に就任し、軍部の抵抗を押し切って終戦への道筋をつけました。もし、あのとき戦争を継続していたら、日本は本当に滅んでいたかもしれない。それを救ったのが、群馬県民の気質を持った鈴木貫太郎だったわけです。

先に、富岡製糸場の生糸が日本を欧米列強の支配から守ったと指摘しましたが、危機に陥った日本を救うのは、いつも群馬県民なのです」

対して茨城選出の政治家を見ると、額賀福志郎元財務相や〝バンソウコウ〟で有名になった赤城徳彦元農水相など、大臣経験者はいるものの、総理大臣はいまだ出ていない。

県民に聞いてみても、「目先のことしか考えない茨城県民に総理大臣は無理」（大子町の主婦）、「勤め先が東京なので、あまり地元の政治家に関心がない」（土浦市の会社員）といった具合に、政治にそれほど関心がない様子。しかし一方で、こんな意見もあった。

「茨城県民はリーダーとして表に立つよりも〝参謀〟の立場を好むんです。歴史を振り返ってみると、9代水戸藩主の徳川斉昭がそうでした。かつて尾張、紀州、水戸の〝徳川御三家〟は、幕政に参加しない慣例がありました。しかし斉昭は〝黒船来航〟を機に幕政に参画し、海防参与として軍備の充実に尽力しました」（水戸市の会社員）

戦後の茨城選出政治家で参謀タイプと言えば、〝軍師〟と呼ばれた梶山静六氏が思い浮かぶ。

'26年生まれの梶山氏は、茨城県議を経て'69年、衆院議員に初当選。'92年には所属する竹下派の会長に小渕氏を担ぎ、羽田孜氏を推す小沢一郎氏と〝一六戦争〟と呼ばれる激しい抗争を展開。小渕氏を勝利させ、自らは自民党幹事長の座に就いた。また、'95年の自民党総裁選では橋本龍太郎氏の勝利に尽力し、橋本内閣では官房長官に就任した。

党のナンバー2である幹事長、内閣のナンバー2である官房長官と、梶山氏はまさに〝参謀〟として活躍したが、その強硬な政治手法から〝武闘派〟とも言われ、金丸信元自民党副総裁が「無事の橋本、平時の羽田、乱世の小沢、大乱世の梶山」と評したこともある。

梶山氏は「怒りっぽい、骨っぽい、理屈っぽい」という〝水戸っぽ〟の気質を持つ政治家

政治家対決

〈群馬〉

福田赳夫元首相

中曽根康弘元首相

小渕恵三元首相

福田康夫元首相

〈茨城〉

梶山静六元官房長官

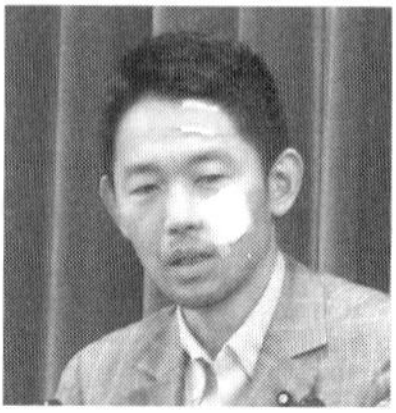

赤城徳彦元農水相

政治家対決は総理４人を輩出した群馬の圧勝。ただし、小渕氏や梶山氏の出身派閥である竹下派（旧経世会）は現在、額賀派となり、茨城出身の額賀福志郎元財務相が会長を務めているだったと言えるだろう。

日立 vs. スバル

茨城、群馬両県からは、世界に名だたる大企業も誕生している。

茨城県で創業した企業として、真っ先に名前が挙がるのは日立製作所だろう。

今やグループ連結従業員数約33万5000人、連結売上収益はじつに10兆343億円（'16年3月期）という超巨大企業だが、もともとは〝日本四大鉱山〟のひとつである「久原《くはら》鉱業所日立鉱山」付属の修理工場だった。

当初、「久原鉱業所日立製作所」と称されたこの工場は、日立鉱山工作課長の小平浪平《おだいらなみへい》のもと、鉱山用の発電所建設や機械設備の設計などを行っていたが、明治43年（1910年）に初の国産モーターである「5馬力誘導電動機」を開発。これを機に小平は本格的な電気機械製作事業に取り組み、大正9年（1920年）に「日立製作所」として独立した。以降は家電製品をはじめエレベーター、鉄道など幅広い分野に進出し、グローバル企業に成長したのだった。

ちなみに「ニッセイ」と言えば、「日本生命」を指すことが多いが、茨城ではもっぱら日立製作所を表すのだという。地元企業だけに茨城県民の多くが日立製品を使っているのかと思いきや、「別にこだわりはない」との声がほとんどだった。

一方、群馬が誇る世界的メーカーとしては「富士重工業」がある。

同社の前身となったのは、元海軍大尉の中島知久平が太田市に設立した「飛行機研究所」だ。この研究所は後に「中島飛行機製作所」と改称され、戦時中は陸軍の主力戦闘機「隼」や「鍾馗《しょうき》」、またゼロ戦のエンジンなどを開発した。

戦後はGHQにより航空機の製造が禁止されたため、中島飛行機製作所は「富士産業」として再スタート。スクーターの生産などを行っていたが、財閥解体の対象となり、工場ごとに分割されてしまう。しかし'53年、かつての中島飛行機グループ各社が再び合同し「富士重工業」が発足。航空機生産を再開したほか、自動車メーカーとしても成長し、'58年に大人4人が乗れる軽自動車として発売された「スバル360」は、航空機開発の経験を活かした技術力が高く評価された。

富士重工業はこのほか産業機器、航空宇宙産業など多角的に事業を展開しているが、群馬県民にとってなじみ深いのは、やはり自動車ブランド「スバル」だ。

「お膝元の太田市をはじめ、他県に比べるとスバル車の割合は高いように感じます」（伊勢

崎市の会社員）

実際、地元でのスバル人気は高く、富士重工業の群馬製作所は、近隣住民の働きかけで'01年より工場部分の地名が「スバル町」に変更された。富士重工業は'17年4月1日より社名も「株式会社ＳＵＢＡＲＵ」に改称する予定なので、〝企業城下町〟である太田市もさらなる活性化が期待される。

群馬、茨城はまた、日本有数の〝家電量販店〟発祥の地としても知られる。現在、日本最大手の家電量販店である「ヤマダ電機」は'73年、前身の「ヤマダ電化センター」として群馬県前橋市で創業。一方の茨城には、'47年に水戸市の個人商店として発足し、'07年に現在の社名になった「ケーズホールディングス」がある。

この両社に、栃木発祥の「コジマ」を加えた家電量販店3社は'80年代以降〝北関東ＹＫＫ〟と呼ばれ、激しい価格競争を展開した。とりわけヤマダ電機とコジマの対立は激しく、近隣に競合店を展開したほか、価格表示をめぐって裁判が起こったこともある。

'12年にコジマは「ビックカメラ」の子会社となるが、そのビックカメラも、実は'68年に高崎市で創業された群馬発の会社だ。

各社の売上高を比べると、1位が1兆6127億円のヤマダ電機（'16年3月期）、2位は7

953億円のビックカメラ（'15年8月期）、ケーズホールディングスは6441億円（'16年3月期）で5位となっている。群馬発祥のヤマダとビックを、茨城発祥のケーズが追う展開だ。

では、両県民はどの店を利用しているのか。「とりわけ県北地域はケーズが強い」（大子町の主婦）、「品揃えから言ってヤマダ」（高崎市の会社員）などの声もあったが、両県を通じてもっとも多かった答えは「安ければどこでもいい」だった。

メガネのドライブスルー

群馬、茨城両県民が誇る地元の有力企業をさらに紹介しよう。

一般に、百貨店と言えば「三越」「伊勢丹」「髙島屋」などが思い浮かぶが、群馬県民にとってのデパートと言えば「スズラン」だ。

'52年、前橋市に「スズラン衣料品店」として創業した同社は'68年に百貨店となり、高崎、前橋に店舗を展開。緑地にS字の白抜きの〝スズランマーク〟があしらわれた紙袋は、群馬県民にとっては〝高級品〟の象徴だ。「お出かけ用の服や靴はスズランで買っていた」（高崎市の会社員）、「今も贈り物はスズランで用意します」（前橋市の主婦）と、根強い人気を誇っている。

群馬発祥の流通業としては「ベイシア」グループも有名だ。'59年に「いせや」として伊勢崎市に1号店をオープンした同社は、群馬県内でスーパーマーケット事業を展開。'96年、現在の社名に変更後は急成長し、'01年に売り上げ１０００億円を突破、そのわずか４年後には売り上げ２０００億円を達成した。'14年には東京にも進出し、現在は東北から中部地方まで14都県に店舗を展開している。また、ベイシアグループにはホームセンターの「カインズ」、作業着・作業関連用品店の「ワークマン」など28社が名を連ねており、一大流通企業群を形成している。ただ、一大グループとなった今でも、年配の群馬県民は変わらず「いせや」と呼ぶのだとか。

もうひとつ、群馬から全国に進出した企業としては、眼鏡メーカーの「ＪＩＮＳ」（株式会社ジェイアイエヌ）がある。'88年に前橋市で服飾雑貨製造を本業として創業した同社は、'01年より眼鏡製造販売に参入。高品質かつ低価格の眼鏡が話題となり、現在では年間およそ５００万本を販売。日本のみならず'10年には中国、'15年にはアメリカにも進出しており、まさに群馬発のグローバル企業に成長した。

ちなみに、群馬県民はどこに行くにも自家用車を利用するとあって、ＪＩＮＳは'13年、「パワーモール前橋みなみ店」に、世界初となる「眼鏡のドライブスルー」を設置した。選んだ眼鏡を車内で試着、医師の処方箋や手持ちの眼鏡など度数のわかるものを渡し、指定の時間に取りに行けば、車から一歩も出ずに眼鏡を新調できる。なぜ、そこまでして群馬県民は車から降りないのかはよくわからないが……。

一方、茨城県民に親しまれる地元企業としては、スーパーマーケットの「カスミ」が有名だ。'61年、石岡市に「霞ストアー」として誕生し、'68年に現社名に変更後は茨城県内はもちろん、神奈川県を除く関東6都県に店舗を展開。'15年には「マルエツ」「マックスバリュ関東」と経営統合し、「ユナイテッド・スーパーマーケット・ホールディングス」グループとなった。今も茨城を代表するスーパーマーケットだ。

また、茨城県民に馴染み深いホームセンターとしては、〝ジョイ本〟の愛称で知られる「ジョイフル本田」がある。'75年に土浦市で創業した同社は、神奈川を除く関東の6都県に展開しているが、特筆すべきはその大きさだ。同社のウェブサイトでは面積を〝東京ドーム○個分〟と表示しており、たとえば「ニューポートひたちなか店」の敷地面積は東京ドーム5・1個分に及ぶ。店舗によってはスポーツジムや映画館を併設しており「家族連れで一日遊べます」（土浦市の会社員）と、茨城県民にとってはレジャースポットのひとつにもなっている。

第2章で世界一の高さを誇る「牛久大仏」を紹介したが、やはり茨城県民は「デカいもの」が好きなようだ。

だるま vs.ガマの油

第3章でタレントのＪＯＹ氏が語ったように、群馬県、なかでも高崎市民に馴染みが深い地元の特産品と言えば「だるま」だ。高崎のだるまは太い眉が「鶴」、口ひげが「亀」を表現しており、年間生産量約90万個は日本一を誇る。赤い色のだるまが多いが、近年は金やピンクなどカラーバリエーションも豊富で、アニメのキャラクターを模しただるまもある。

高崎だるまが誕生したのは２００年以上前のこと。天明年間（１７８１～１７８９年）に連続して発生した「天明の大飢饉」の後、少林山達磨寺の東嶽和尚が農民救済のため、達磨大師の図をもとに木型を作製。この木型をもとに近隣農家が副業として張り子だるまを作り始め、好評を博した。昭和30年（１９５５年）には選挙でおなじみの「必勝だるま」が登場。以降、高崎だるまは立候補者にとって必須アイテムとなった。必勝だるまの人気は国内にとどまらず、'16年1月に行われた台湾総統選で当選した蔡英文主席の選挙事務所に置かれたことから、同地でもちょっとしたブームになったという。先述の通り、群馬からは戦後最多となる4人の総理が生まれたが、高崎だるまの〝ご利益〟によるものだろうか。

ちなみに、願掛けする際には、だるまの左目に墨を入れ、成就した後に右目に墨を入れる。願いが成就した後は、JOY氏も実践しているように、神社やお寺で「お焚き上げ」をしてもらうといい。

対する茨城で県民に愛される特産品と言えば、筑波山の「ガマの油」がある。

ガマの油が評判となったのは、慶長19年(1614年)から翌年にかけての大坂冬の陣・夏の陣でのこと。徳川方として戦に同行した筑波山知足院中禅寺の住職・光誉上人が、けが人の手当てに使った「陣中膏」に、ガマガエルが分泌する成分が含まれていたという。

江戸時代に入ると、筑波生まれの永井兵助《ひょうすけ》という人物が「さあさあ、お立ち会い。ご用とお急ぎでなかったら、ゆっくりと聞いておいで」で始まる〝口上〟を縁日などで披露。自らの腕を刀で切ってみせ、そこにガマの油を塗り込むと、たちどころに血が止まるというパフォーマンスが評判を呼び、各地に広まっていった。

〝口上〟によれば、ガマの油は止血効果のほか、ひび、あかぎれ、しもやけ、痔ろうや虫歯にまで効く〝万能の傷薬〟だというが、現在、筑波山で「ガマの油」として販売されている「陣中油」は、肌荒れ防止に効く化粧品である。

意外にも芸術を愛する

またまた「意外」と言っては失礼だが、茨城、群馬両県民には、芸術を愛する一面がある。

茨城の芸術の拠点としては、’90年にオープンした水戸芸術館がある。磯崎新氏が設計した同館は、高さ１００ｍのシンボルタワーをはじめ、小澤征爾氏を総監督に迎えた「水戸室内管弦楽団」の定期演奏会など、各種の音楽会が開かれる「コンサートホールＡＴＭ」、ミュージカルから伝統芸能まで幅広い演劇を楽しめる「ＡＣＭ劇場」、各種の個展が開催される「現代美術センター」などがあり、多くの県民でにぎわっている。

茨城にはユニークな美術館もある。

たとえば、’91年に開館した日本で唯一、「篆刻《てんこく》」を専門とする「篆刻美術館」（古河市）。「篆刻」とは、14世紀の中国で生まれた書道芸術のひとつで、木や石などに〝篆書体《てんしょたい》〟と呼ばれる古代の漢字を彫って印章（はんこ）を作り、印泥《いんでい》（朱肉）につけて紙に押すという一連の過程を指す。同館では古河市出身で日本を代表する篆刻家・生井子華《いくいしか》の作品を常設展示しているほか、各種の企画展や、篆刻体験もできる。

また、笠間市にある「笠間日動美術館」には、ルノワール、ドガ、ゴッホや岸田劉生、佐伯祐三など国内外の世界的芸術家の絵画や彫刻が展示されているほか、鴨居玲や朝井閑右衛門ら画家たちが実際に使った〝パレット〟が展示されている。

かつてユトリロが愛用のパレットに絵を描き、画商に譲ったというエピソードを聞いた同館の設立者である長谷川仁氏が、親交のある作家から譲り受けたものだ。各パレットには、人物や風景、花など、様々な絵が描かれている。

一方、群馬では音楽が盛んだ。

たとえば県民から〝群響〟と呼ばれ親しまれている「群馬交響楽団」は、全国的には珍しい地方都市の常設オーケストラだ。

同楽団が「高崎市民オーケストラ」として発足したのは戦後間もない'45年11月。翌年5月には「群馬フィルハーモニーオーケストラ」に改称し、県内各地の学校に赴いて演奏を聞かせる「移動音楽教室」を開催。初代の常任指揮者は山本直忠で、その息子である山本直純、小澤征爾らもタクトを振ったという。'55年には同楽団をモデルに、岸恵子や岡田英次らが出演した映画『ここに泉あり』が公開され、全国的に知られるようになった。

現在は大友直人音楽監督のもと、約70人の楽団員が定期演奏会や移動音楽教室など幅広く活動している。

群馬県は楽器生産も盛んだ。前橋市の「三ツ葉楽器」はウクレレ生産日本一で、２０１５年には本場ハワイにも進出。また、学校で使うカスタネットは一時、みなかみ町の「プラス白桜社」が全国シェア70％を誇っていた。

群馬からは国民的ロックバンド「ＢＯØＷＹ」が生まれたが、その背景には音楽好きな県民性があったのだ。

「海」を作ったのは群馬県民だった

茨城、群馬両県には、「日本人なら誰でも知っているもの」を作った偉人たちがいる。

今も毎朝、ＮＨＫで放送される「ラジオ体操」を作ったのは、茨城出身の遠山喜一郎だ。明治42年（１９０９年）、水木村（現在の日立市）に生まれた遠山は、'36年のベルリンオリンピックに体操選手として出場。高校や海軍の体操教師を務めたのち、日本体操協会副会長となった。日本にいち早く新体操を紹介した人物としても知られる。

その遠山がラジオ体操を作成したのは戦後のこと。もともと日本では、昭和３年（１９２８年）からラジオ体操が行われていたのだが、終戦後、「数万もの人々が一斉に同じ動きをする」ことを全体主義と見なしたGHQの指示により中止されてしまう。

そこで'46年から「改訂版ラジオ体操」が放送される。〝改訂版〟は「イチ、ニイ、サン、シイ」という「号令」をなくすなど、GHQに全体主義ととられないよう工夫した体操だったが、動きが複雑なため国民に浸透せず、1年あまりで放送が中止された。

その後の数年間は、各地方で独自の「県民体操」が作られ、茨城の場合は、遠山が'49年に「茨城県民体操」を考案。県民の間で広まっていった。

しかし、ラジオ体操の復活を望む国民の声は多く、各省庁やNHK、新聞社が協議して「再改訂版ラジオ体操」の原案作成委員を選出。その中心人物だった遠山が作成した「再改訂版ラジオ体操」の放送が、'51年5月から開始され、現在に至っている。

なお、「茨城県民体操」は今も県民に親しまれており、準備運動に取り入れている学校も多い。

対する群馬は、「海は広いな　大きいな」でおなじみの唱歌「海」の作詞者と作曲者を生んでいる。

作詞者の林柳波《はやしりゅうは》は明治25年（1892年）、沼田市の農家に生まれ、明治薬学校（現・明治薬科大学）を卒業。薬局を経営する傍ら詩作を行い、「おうまのおやこは～」で知られる

「おうま」や「スキーの歌」などを作詞した。また、作曲者の井上武士は明治27年（１８９４年）、勢多郡芳賀村（現在の前橋市）に生まれ、群馬県師範学校（現・群馬大学教育学部）、東京音楽学校（現・東京芸大）に進む。東洋音楽大学（現・東京音大）の教授を務め、「うぐいす」「チューリップ」など多くの童謡を作曲した。

「海」が発表されたのは’41年。国民学校一年生用の教科書「ウタノホン」に掲載された。海のない群馬県民が「海」を作ったというのは意外だが、身近にないからこそ、海の雄大さや美しさを素直な気持ちで描けたのかもしれない。

「日本初」自慢

本章の最後に、茨城、群馬両県が誇る「日本初」のものを紹介しよう。

【茨城】

●オセロ…海外発祥かと思いきや、オセロを考案したのは水戸市出身の長谷川五郎氏。’32年生まれの長谷川氏は、旧制水戸中学時代に相手の碁石を挟んでとる「ハサミ碁」というオセロの原型を考案。敵と味方が入れ替わることがシェイクスピアの演劇「オセロ」を想起させるということで、英文学者だった父の四郎氏が命名した。’73年に発売されると大ヒットし、今では世界大会も行われている。
●ワイン醸造場…日本初となるワインの本格的な醸造場は、明治36年（1903年）に、牛久市に誕生した「シャトーカミヤ」だ。創設者の神谷伝兵衛は、安政3年（1856年）、三河国（愛知県）生まれ。横浜の洋酒醸造所で働いていた17歳のころ、原因不明の腹痛に襲われたのだが、見舞いにもらった葡萄酒《ぶどうしゅ》を飲んだところ回復。この経験から、ワインの国内醸造を目指すようになる。
伝兵衛は24歳で独立し、浅草に「みかはや銘酒店」を開業。輸入ワインを日本人の好みに合うよう加工した「蜂印香竄《はちじるしこうざん》葡萄酒」や「電気ブラン」で好評を博し、明治45年（1912年）に屋号を「神谷バー」に改めた。

一方で伝兵衛は明治27年（1894年）に養子の伝蔵をワインの本場、フランスのボルドーへ修業に送り出す。そしてフランスの最新技術を身に着けた伝蔵の帰国後、ボルドーの気候に近いということから牛久にブドウ園を開墾し、シャトーカミヤを完成させたのだった。シャトーカミヤの施設3棟は'08年に国の重要文化財に指定された。
●あんぱん…日本初のあんぱんは、東京・銀座の「木村屋」から明治7年（1874年）に発売されたが、開発したのは茨城出身の木村安兵衛だ。文化14年（1817年）、常陸国河内郡田宮村（現・牛久市）の武家に生まれた安兵衛は、江戸で番役を務めた後、明治維新にともなって東京府職業授産所の職員となる。このころ、長崎のオランダ人宅でコックを務めた人物と出会い、パン屋の開業を決意。明治3年（1870年）、銀座に木村屋を出店し、日本人の味覚に合うパンを模索するうちにあんぱんを考案した。明治8年（1875年）には、旧水戸藩下屋敷を訪問した明治天皇にあんぱんが献上され、以降は宮中御用達となった。

●サッカー専用スタジアム…それまで、日本では多目的スタジアムでサッカーが行われていたのだが、ピッチの周辺が陸上競技のトラックに囲まれていたために観客席から遠く、また芝を保つのも難しかった。そこで'93年、日本初のサッカー専用スタジアムとして誕生したのが鹿嶋市の「県立カシマサッカースタジアム」だ。同スタジアムはJ1の鹿島アントラーズが本拠地にしている。

【群馬】

●旧石器時代の遺跡…かつて日本には「旧石器時代」がないという定説があったが、それを覆したのがみどり市にある「岩宿遺跡」だ。この遺跡を発見した相沢忠洋は、'26年に東京で生まれ、幼少時に桐生市に移住。戦時中は海兵団に籍を置き、終戦後は行商をしながら土器や石器の採集をしていた。

その相沢は'46年、岩宿の関東ローム層の断面から、石器と見られる黒曜石を発見。それだけでは旧石器と断定できなかったため発掘を続け、'49年には明らかに人工物と見られる〝槍先型尖頭器〟を発見。さらに明治大学の考古学研究室とともに大規模な発掘を実施し、旧石器時代の存在が学会で認められるに至った。

しかし遺跡発見当初、大学などの研究機関に所属していなかった相沢の功績は軽視され、単なる〝案内人〟との扱いを受けたばかりか、一部の学会からは〝売名行為〟などという非難も浴びた。相沢はそんな不当な扱いにめげることなく、その後も独自の研究を続け、'67年に吉川英治文化賞を受賞し、ようやく正当に評価される。群馬には「一匹オオカミ」タイプが多いと言われるが、相沢も反骨心あふれる在野の研究者だったのだ。
●恐竜の足跡…日本で初めて〝恐竜の足跡〟が発見されたのは群馬県の神流町だ。'53年に同町の国道299号線の道路工事を行った際、「漣岩《さざなみいわ》」と名付けられた崖が出現。その崖には不思議な窪みがあったのだが、しばらくは謎のままだった。やがて学者の研究により、'85年に二足歩行の恐竜の足跡と認められた。
●医療費無料…'09年に、群馬では所得制限や自己負担もなく、中学校卒業まで医療費を無料とする制度を実施した。現在では、子どもの医療費を無料にしている自治体は少なくないが、初めて取り入れたのは教育を大切にする群馬県だったのだ。

いかがだろうか。

「魅力がない」などと言われる茨城、群馬両県だが、実は日本の発展に大きく貢献していたのである。

おわりに――東京よ、俺たちをなめるな！

ここまで読み進めていただいておわかりのように、「魅力度ランキング」において毎年のように最下位争いを演じているにもかかわらず、茨城・群馬両県民は、お互いの県についてあまり意識していない。

なぜ関心がないのか。もっとも大きな理由は〝東京への近さ〟にある。

各対談で著名人らが言及したとおり、場所にもよるが茨城や群馬からは1〜2時間もあれば東京に着いてしまう。それゆえ、彼らの関心は同じ北関東の県には向かず、きらびやかな大都会・東京に向かってしまうのである。実際、両県民に「ライバルだと思う県」を聞いてみると、茨城県民は「千葉県」、群馬県民は「埼玉県」というように、自らの県より東京に近い地域を挙げる人が多かった。東京への距離感を重視しているからだろう。

ただし、両県民は東京に憧れているばかりではない。対談に登場した著名人たちは、こう口を揃えた。

「東京は好きですけど、私にとっては働く街であって、暮らす場所ではないです」（鈴木奈々さん）、「茨城は海も山も川もあるし、食材も豊富。子どもを育てるなら東京より茨城でしょう。私はまだ結婚もしていませんが（笑）」（磯山さやかさん）、「群馬は海がないから水平線は見えませんが、代わりに山の稜線がすごくきれいなんです。美しい緑に囲まれた暮らしこそ、人間らしい生活です。今は東京に住んでいますが、仕事の都合がつくなら群馬に戻りたいですよ」（「エレファントジョン」ガッテン森枝さん）――。

東京で活躍する彼らでさえ、暮らすなら故郷がいいと言うのである。

また、群馬在住ジャーナリストの木部克彦氏は、東京一極集中が進むことの危険性をこう指摘する。

「今のように政治、経済をはじめ、あらゆる機能が東京に集中した状態で、もし首都直下地震などの大災害が起これば日本は大混乱に陥る。ですから、首都機能移転は喫緊の課題と言えるわけですが、その点、群馬県は'47年の『カスリーン台風』以降、約70年も大きな自然災害が起こっていない。そろそろ、群馬への首都機能移転を真剣に考えてもいいのではないでしょうか」

東京に迫る〝危機〟は災害だけではない。タレントのＪＯＹさんはこう苦言を呈する。

「テレビの世界にいる者としては、今は東京のキー局より地方局のほうが盛り上がっていると感じます。東京のテレビ局はクレームを恐れるあまり、おとなしくて行儀のいい番組が多いけど、地方局はもっと自由にいろんな企画に挑戦できるからです。最近は地方局に出たいというタレントさんも増えてますから、東京キー局はもっと危機感を持ったほうがいい」

たしかに昨今は〝ご当地グルメブーム〟や〝ゆるキャラブーム〟に象徴されるように、流行の発信源が地方に移りつつある。「魅力度ランキング」においても、いつか茨城や群馬が東京を抜く日が来るのだろうか——。

最後に、対談にご登場いただいた著名人の皆さん、いくぶん失礼な質問にも気さくに答えていただいた両県民の皆さまに感謝いたします。

２０１７年２月

全国都道府県調査隊

全国都道府県調査隊

雑誌を中心にメディアで活躍するライターたちが、日ごろから全国各地を取材する中で、当地の人々の人柄、風習、食、文化、観光スポットなどをあらためて調査し、それを世に問うていこうという趣旨で発足させた。本書は同調査隊による新書第1弾となる。

講談社+α《プラスアルファ》新書 761-1 C

茨城《いばらき》vs.群馬《ぐんま》

北関東死闘編

全国《ぜんこく》都《と》道《どう》府《ふ》県《けん》調査《ちょうさ》隊《たい》

2017年3月16日第1刷発行

発行者——鈴木 哲

発行所——株式会社 講談社
東京都文京区音羽2-12-21 〒112-8001
電話 編集(03)5395-3522
販売(03)5395-4415
業務(03)5395-3615

カバー装画——川口澄子

デザイン——鈴木成一デザイン室

カバー印刷——共同印刷株式会社

印刷——慶昌堂印刷株式会社

製本——牧製本印刷株式会社

定価はカバーに表示してあります。

落丁本・乱丁本は購入書店名を明記のうえ、小社業務あてにお送りください。

送料は小社負担にてお取り替えします。

なお、この本の内容についてのお問い合わせは第一事業局企画部「+α新書」あてにお願いいたします。

Printed in Japan
ISBN978-4-06-272988-8